그 날
우리는
하늘을
보았다

김경훈 시사시집時事詩集

그날 우리는 하늘을 보았다

김경훈

도서출판 GAK

엮은이 김경훈
펴낸이 박경훈
펴낸곳 도서출판 각 ㄱㅏ

초판 인쇄 2014년 6월 10일
초판 발행 2014년 6월 15일

도서출판 각 ㄱㅏ
주소 (690-809) 제주특별자치도 제주시 관덕로6길 17 2층
전화 064 · 725 · 4410
팩스 064 · 759 · 4410

ISBN 978-89-6208-108-4 03810

값 8,000원

자서自序

10여 년 동안 가두집회나 추모제 현장에서 낭독했던 시들을
이제 한 권의 시집으로 묶는다.
주어진 상황에 대해 발언한 것을 '시사시時事詩'라 이름 붙였다.

돌이켜보면 지난 10년의 세월은 눈물과 한숨,
분노와 절망 속에서도 희망과 정의를 향한 노정이었다.

현실은 나의 시보다 더 직설적인 아픔이었고,
역사는 그 아픔의 더께로 상처투성이였다.
그 속에서 나의 시들이 때로는 낫이 되고,
때로는 쟁기나 수레바퀴가 되기를 바랐다.

혼신을 다 못한 채 발설되어 새겨진
그 육성의 이면에는 부끄러움이 더 많다.
그래서 혹자는,
"시는 그렇게 녹슨 구호처럼 생경하게 펄럭이는 것이 아니다."라고

나무랄지도 모른다.

그러나 나의 시들은 분노해야 할 때 나름 분노한 것들이다.
아픈 상황은 끊임없이 이어지고 있다.
이는 아마도 유사 이래 단 한순간도 비켜가지 않았을 것이다.
나의 시사시도 계속 이어질 것이다.
제대로운 사회, 사람이 사람답게 사는
그런 세상이 오기 전까지는 말이다.

나의 시사시는 그런 사회, 그런 세상에 대한
끊임없는 희구이고, 그야말로 몸으로 쓰는 시가 될 것이다.

2014년 늦봄
김경훈

축사

파블로 네루다는 유럽의 제국주의자들에게 죽어간 고대 아메리카인들의 대변인이 되어 『모든 이들의 노래』를 불렀다. 신동엽은 역사의 저편에 묻힌 갑오농민전쟁 희생자들의 넋을 현세로 불러들이는 『금강』의 끊이지 않는 물줄기가 되었다. 그리고 여기 제주 4·3항쟁 희생자들의 아직도 채 발굴되지 못한 넋들과 교신하며 그들의 울컥거림과 치떨림을 받아 4·3의 만상주가 된 김경훈 시인이 있다. 가해자들의 현재를 추적해 대추리로, 강정으로, 용산으로, 밀양으로 달려가는 우리 모두의 말뚝이가 된 이가 있다. 이 길은 '생명의 길' 이며, '평화의 길' 이며, '사람의 길' 이다. '가장 아픈 기억을 간직하면서도/ 가장 높은 이상을 펼치는 내일의 길' , '가장 좁은 일상의 평등이면서도/ 가장 넓은 우주로' 가는 그의 시가 진정한 우리 시대 시의 한 든든한 기둥이며 뿌리임을 다시 되새긴다.

- 송경동/ '길 위의 시인'

| 차 례 |

제1부 연대

제2부 축하

제3부 추모

제4부 분노

1부

연대

근조대한민국謹弔大韓民國

- 2006년 5월 4일

평택 대추리에
군경민 합동토벌대가 들이닥친 날
그날
제주에서는
총살당해 암매장된 유해들이 발굴되었다

미국의 금줄로 두 동강이 난 채
제주4·3의 피를 먹고 태어난 대한민국이

정확히 58년 후

평택 대추리의 피를 받아
미군 철조망 공사에 공구리 치고 있다

대한민국에 죽은
유해들은 햇빛을 보았지만
오늘
대한민국에 산 사람들은
버려지듯 다시 암매장되었다

2006년 5월 4일, 평택과 제주의 상황을 연계시켜 이 시를 썼다.

누가 나더러

- 핵폐기물 처리장 반대 투쟁을 계속하고 있는 부안 주민들에게 바침

누가
가만히 있는 나를 건들면
나는 화를 낼 것이다

누가 가만히 있는 나를 가마니로 보고 흔들면
나는 불같이 화를 낼 것이다

누가
우리 집 마당에 쓰레기를 갖다버리면
우리는 그놈 욕을 하며 당연히 치워버릴 것이다

누가 우리 사는 동네를 얕보고 쳐들어온다면
우리는 당연히 맞서 싸울 것이다

하물며 지렁이도 꿈틀거리지 않는가
하물며 말미잘이나 바지락이나 거북손도 나름의 반응을 하고
하물며 제 영역을 침범한 무리들을 내쫓는 게 동물의 본능이거늘

그러나 내 손에 피를 보지 않고서야
그 아픔을 어찌 알리

내 마음에 상처를 입지 않고서야
어찌 진실이 함께한다 할 수 있으랴

너희, 가진 자들아
아침저녁으로 말 바꾸며 우릴 농락하려 들지 마라
우린 원숭이가 아니다

우리가 생업을 버리고 싸움을 마다하지 않는 건
더러운 야만에 굴복하지 않고
맑고 맑은 우리 법도로 우리 터를 지키기 위함이니

분명하게 다시 말하건대
누가
그가 설령 대통령이라 할지라도
우리 마을을 이간질시키며 핵 쓰레기장을 기어코 지으려 한다면
나는 내 손에 피를 흘리며
내 마음에 증오의 상처를 후벼 파며
나는 내 자존심을 걸고 사람으로서 당당하게 싸울 것이다

2003년 12월 22일, 멀리 제주도 문화패 〈한라산〉이 부안을 찾았다. 가진 자, 개발 역신들이 민중을 꾀고 억압하고 착취하는 백여시 짓거리를 한판 굿으로 무대에 올려 한풀이를 했다. 이 시는 민족문학작가회의 제주지부 김경훈 시인이 핵폐기장 백지화투쟁을 벌이고 있는 부안주민들에게 바치는 시이다. 이들은 출연료, 여비도 못 주는데 오히려 22만 원이나 후원금을 내고 갔다. – 〈부안21〉

나도 '임을 위한 행진곡'을 한번 제대로 부르고 싶다

학생운동을 하던 국문과 후배 형정이가 교통사고로 죽은 후 그의 무덤가에서 나는 목이 메어 그 노래를 도저히 따라 부르지 못했다

효순이 미선이 죽어 시청 어울림 마당에서 촛불시위를 할 때도 어김없이 그 노래는 입 밖으로 나오지 못했다

그랬었다 노래가 되어 광장에 울리지 못하고 눈물만 나올 뿐이었다 그 거리의 누가 볼세라 고개 들어 먼 하늘을 바라볼 뿐이었다

대통령 탄핵반대 집회 때에도 나는 민주주의의 죽음이라는 또 하나의 죽음을 느낀 탓일까 그 노래가 입가에 머물러 목젖을 타고 울컥해졌다

아, 이건 아니다 이래서는 안 되는 것이다

가증스러워라 민주주의를 파괴해놓고는 국민의 이름을 들먹이지 마라

추악하여라 꽃다운 아이들 짓밟아 버리고는 허울 좋은 재판에 무죄라니

부끄러워라 죽어서도 펄펄 살아 투쟁하고 있을 후배에게 부끄러워라

아, 그래 이것이다 이래야 되는 것이다

희망이어라 민중의 이름으로 민주주의를 되세우고 갈라진 나라 온전히 이어야 하리니
가진 자들 저 교활한 음모 앞에서 우리가 가진 건 거리이고 광장이고 단결이지 않은가
민주의 이름으로 우리는 이미 한마음이지 않은가

언젠가 어지러운 시간이 지난 뒤, 추억처럼 밝고 맑게 부를 그날이 오면 나도 한번 목청껏 부르리라
죽음의 기억을 뒤로하고 오직 희망으로만 부르리라
임을 위한 행진곡을 제대로 한번 부르리라 사랑도 명예도 이름도 남김없이 새날이 올 때까지 한평생 나가자고
이 거리의 그대들과 함께 어깨 겯고 광장으로 나아가리라
저기 촛불의 바다 너머 벌써 후배 형정이가 오고 효순이 미선이가 오고 민주주의가 상기된 얼굴로 마중 나오고 있지 않은가

2004년 3월 27일, 〈제주의 소리〉, 노무현 대통령 탄핵 관련 릴레이 시 연재 중에서.

다시 노근리에서

굴다리 안
시멘트로 덧씌워 총탄 자국을 덮어버린다고
덮어지는 것이 아니다

다랑쉬굴
입구를 포클레인 동원해 막아버린다고
막아지는 것이 아니다

덮어지는 것이 아니다
막아지는 것이 아니다

흐르는 물은 썩지 않고 터진 물은 막지 못한다
수풀 우거진 곶자왈에도 길은 있고
푹푹 썩는 거름더미에서도 굼벵이는 자란다

손바닥 발바닥 혓바닥으로 아무리 가려도
해는 뜨지 않던가
그렇다, 아무도 그 어떤 것으로도 진실을 가릴 수 없다

덮어도 덮어지는 것이 아니다
막아도 막아지는 것이 아니다

상처는 마음 가득 흔적처럼 유전된다
분노는 온몸 가득 화산처럼 전염된다

2005년 5월, 〈제주4·3사업소〉에서 충북 영동의 노근리 학살 현장을 찾아갔다. 이날 굴다리 벽에 새겨진 역사의 현장을 시멘트를 발라 지우려는 작태를 보면서 즉석에서 시를 지었다.

일본을 이긴 우리는 미국도 이길 것이다

이 봄,
꽃의 아름다움을 노래할 수 없는 아픔으로
나는 평택 대추리에 왔다

제주 4·3이 여기서 그대로 다시 일어나고 있음을 본다
제 손엔 피 한 방울 안 묻히고 동족끼리 싸우게 하고
괴뢰정부 내세워 지들의 군사기지를 만들려는
미국놈들의 흉악한 야욕을 본다

미국이 버젓이 이렇게 우리에게 도사리고 있는 한
분단의 벽이 온존하는 한
제주4·3은 아직도 끝나지 않은 것이다
대추리의 싸움도 끝날 수 없는 것이다

제주에 다시 대추리가 그대로 재현되고 있음을 본다
송악산에 공군기지 화순항에 해군기지
평화의 섬 제주에 온통 군사기지 미군기지

그러나
일본을 이긴 우리는 미국도 이길 것이다
일제 놈들 이 땅에서 몰아낸 것처럼

미제 군사기지 다 몰아내고 다 몰아내고

다시 오는 봄,
나는 다시 꽃의 아름다움을 노래할 것이다
제주에서 평택에서 한반도에서 꽃을 피울 것이다

2006년 4월 15일 저녁, 평택 대추분교 운동장의 비닐하우스 안에서는 '미군기지 확장반대 592일차 촛불집회'와 '비닐하우스 콘서트'가 열렸다. 지역주민과 대추리 지킴이, 그리고 농활 온 대학생 등 200여 명이 참석한 이날의 촛불집회에서는 매우 역사적이면서, 뜻깊은 행사가 있었다. 58년 전 국가권력에 의해 3만 명이 넘는 도민들이 억울하게 학살당한 4·3. 그들의 후예들인 가수 최상돈, 시인 김경훈 등 제주의 문화인들이 방문해 지역주민들에게 4·3에 대해 알리고, 현재 국가권력과 투쟁을 벌이고 있는 그들에게 노래와 시를 바쳤다. 그리고 4·3 주간에 열린 전시회와 행사에서 모금한 성금을 전달하였다.
김 시인은 "1948년 일어난 제주 4·3은 제주도민 3만 명이 학살당한 역사였다. 그 당시는 미군정시대였다. 그리고 1988년 남제주군 송악산에 군사기지를 설치하려는 계획이 있었으나 반대투쟁을 벌여 승리하였다. 또한 2002년에는 바로 옆 남제주군 화순항에 해군기지 건설을 시도하였으나, 지역주민들에 의해 저지당했다."라고 말했다. – 다음 카페 〈황새우울〉

화순항에서

-〈제주 화순항 해군기지 반대대책위〉 윤석에게

윤석아
만약에 만약에 말이다
화순항 해군기지 못 막아내면
더 이상 평화라고 말하지 말자
더 이상 희망이라고 말하지 말자
평화의 섬이라고도 말하지 말자
아예 사전에서 지워버리자
윤석아 더 이상 예술도 부질없고 문화도 양키 개좆이다
평화는 힘이 담보된 안전지대라고 말하는 자들만의 갇힌 자유다
희망은 미래가 보장된 새끼들 앞에만 펼쳐진 도색 환상이다
그러니 윤석아
제주에 평화 외에는 아무것도 못 들어오게
제주를 평화기지라고 부르자
거기서 우리의 희망을 만들자
그때까지는 윤석아 우리
평화라는 말 대신
희망이라는 말 대신
제주도청이나 대한민국 국방부나 해군본부에게
다만 지금은 싸움이라고 말하자
윤석아 하나된 투쟁이라고 말하자

우리가 당당히 이길 거라고 그렇게 힘주어 말하자

2006년 8월 30일, 제주도 화순항이 군사항으로 개발되는 것을 막기 위해 제주민예총을 비롯한 제주도 문화예술인들이 나섰다. 이들은 제주도를 평화의 섬으로 만들기 위한 희망을 듬뿍 담아 30일 밤 7시 30분부터 안덕면 체육관에서 문화제를 열었다. 여기서 이 시를 낭독했다.

감귤나무를 태우며

- 한미FTA 반대 집회에 부쳐

한때 대학나무로 불러던 나무
뼈가 부서지게 밭에 몸을 매단 채 일하던
숙명처럼 목숨보다 더 중했던 나무

오늘 그 나무가 불에 탄다

저 불을 보아라
저 생명이 타는 혼불을 보아라

저 불타는 나무의 소리를 들어라
저 온몸 불타는 나무의 처절한 절규를 들어라

나의 마음이 타들어간다
나의 온몸 생살이 타들어간다
폐원이다 폐작이다 폐농이다 폐허다

그러나 희망이 끊긴 곳에서 분노가 소생한다
절망이 아니라 싸움이다
간벌과 전정과 농약과 비료와 거름도 모두 싸움이다
감자와 마늘과 당근과 양파와 양배추도 모두 같이 어깨를 건다

오늘 우리의 분노가 횃불처럼 타올라
마침내 오름마다 활화산 같은 폭발이 된다

2007년 4월 18일, 한 · 미FTA 협상을 규탄하는 제주농 · 축산인 궐기대회가 제주종합경기장 광장에서 열렸다. 참가 농민들이 미리 준비한 감귤나무를 태울 때, 제주 여성 농민 한 분이 이 시를 낭독했다.

버마인의 피도 붉다

미얀마-
아니, 버마라고 말해야 한다
버마라고 한글2005 판에 입력하면
자동으로 미얀마라고 자동변환되어 버리지만
미얀마-
군사독재가 개명한 이름 미얀마가 아니라
민주화의 나라 버마의
민주화 시위의 들뜬 함성이 지나고 간 자리엔
보도에 흩어진 주인 잃은 신발들처럼
그 신발의 주인의 것인 피
버마인의 피도 붉다
민주화를 향한 뜨거운 붉은 열망은
총칼에 짓밟혀 숨죽였지만 광주처럼 드디어는
민주의 날은 오리라
버마의 날은 오리라
주인 잃은 신발이 주인을 찾고
피의 노래가 함성이 되어 새날을 열리라
미얀마-
라고 입력하면
버마로 자동변환되는 그런 날이 오리라

2007년 10월 26일, 미얀마 민주화 시위 장면을 담은 사진을 보면서 곧바로 쓴 시다.

나랏님 사또님 천도재 드리세

- 〈2009 제주민중대회〉에 부쳐

어찌 하는 짓거리가 이리도 똑같은가
까마귀 까옥 하니 참새는 조조조 하고

대한민국 국회에서 미디어 악법 통과시키는 꼴 그대로
제주도의회에선 해군기지 절대보전지역 해제안 통과시키고

하는 짓거리가 어찌 이리도 똑같은가
칠산바당 조기 뛰니 제주바다 복쟁이 뛰고

평택 대추리 황새울 그 너른 황금들판 메워 공군기지 만들고
서귀포 강정리 그 고운 바다 매립해서 해군기지 만들고

나랏님이나
고을 사또님이나
하는 짓거리마다 어찌 이리도 다 똑같은가

새로 포장한 도로에 꼭 미친개가 첫발자국 어지러이 남기듯
유취만년流臭萬年의 오명汚名을 위해

백성들 마음의 강이란 강 모두 삽질해야 직성이 풀리고
백성들 생활 터전 모두 불 질러 쫓아내야 성깔이 풀리나

집안에 숭시들젠 ᄒᆞ민
틀은 독이 꼬기약 ᄒᆞ고,
기시린 돗이 돌음을 돋고,
뱃긴 개가 옹공공 ᄒᆞᆫ다

나라에 망조 들려니
미친개들 제 발가벗긴 줄 모른 채 앞다퉈 미쳐 날뛰고
게거품 물며 숙대기고 파헤치고 물어뜯으니

한 놈 먹을 거 백 놈은 먹고, 백 놈 먹을 거 한 놈은 못 먹는다는데
백 사람 나눠 먹을 거 단 몇 놈만 처먹을라고 이 지랄들인데

그러나,
석삼년 가물어도 비 올 날 있고
석삼년 비 오다가도 개일 날 있다

어허라, 숭어 뛰면 복쟁이도 뛰다 원담에 배 걸려 죽고
뛰던 숭어 낚싯줄 그물코에 걸려 죽는 법

어화 벗님들아

석삼년 가뭄에 기우제 지내듯
석삼년 장마에 기청제 지내듯
목욕재계 정성 다해
나랏님 사또님 천도재 드리세

더러운 놈들 하루도 쉬지 않고 더럽힐 제
눈썹 불붙어도 끌 겨를 없이 달려들어 치워가세

미친개는 몽둥이가 약이니
손에 손에 몽둥이 들고 개 패듯 개 패러 나서세

못 먹을 개고길랑
나랏님 사또님 천도재 상에 올리고
조기 숭어 복쟁이 회 떠서
우리, 술 한 잔 넉넉하게 후련하게 나누세

2009년 12월 19일, 이명박 정권이 출범한 지 2년이 되는 날. 제주도 내 시민단체들과 일부 야당은 한자리에 모여 한목소리로 현 정권과 김태환 제주도정을 강하게 비판했다. 극단 한라산 대표 김경훈 시인은 「나랏님 사또님 천도재 드리세」라는 시를 통해 "어찌 하는 짓거리가 이리도 똑같은가. 까마귀 까옥 하니 참새는 조조조 하고"라며 국회에서 미디어법이 통과됐을 때처럼 날치기라는 비판을 받고 있는 도의회의 해군기지 안건 통과를 비꼬기도 했다. – 〈시사제주〉

우리는 위풍당당한 나라를 원한다

효순아 미선아
너희 그렇게 떠나간 지 이제 6년이 되는구나
너희를 위해 눈물로 밝혔던 촛불이
거센 비바람에도 굴하지 않고 이제 다시 타오르는구나

온통 실용만 설쳐대며 굴욕을 강제하는 이 시대
소가 소를 먹으니 미치듯 사람이 사람을 먹으니
인간에 대한 야만이 어찌 발광하지 않겠느냐

자존을 짓밟는 미합중국의 천박한 위협
그 위협에 무너지는 허세의 정권

미선아 효순아
우리는 당당한 나라를 원한다
우리는 미국 앞에 당당한 대한민국을 원한다

신에 대한 도전으로 바벨탑 무너지듯
거름도 못 되는 그 한 줌의 가증스런 광인병자들
소의 각을 뜨듯 분육하여 쓰레기매립장에 파묻어버리자

그리하여

제주에서 밝힌 5십만의,
대한민국에서 밝힌 5천만의,
온통 찬란한 그 촛불의 혁명으로
미국산 쇠고기 미국산 오렌지 미국산 해군기지 다 태워버리고

촛불 밝혀 위풍당당한 통일한국에서
효순아 미선아 우리 다시 당당히 만나자

2008년 6월 14일, 제주도 내 시민단체로 구성된 〈이명박 정권심판 제주도민비상시국회의〉는 오후 5시 시청 정문 부근에서 집회를 열었다. 시국회의는 △4·3 위원회 폐지 시도 철회 △미국산 쇠고기 전면 재협상 및 한미FTA·농업말살정책 즉각 중단 △영리병원·의료민영화 추진 중단 △공공부문 민영화·사유화 정책 중단 △영리학교·교육시장화 정책 철회 △대운하계획 철회 △제주해군기지건설 계획 철회 등을 강력히 주장했다. 이날 이 시를 낭독했다.

새해부터는

새해부터는
하늘의 해와 달과 별이 제 궤도를 운행하듯이
대지와 바다의 뭇 생명들이 제자리에서 제 삶을 살게 하소서
어긋나지 않고 억지로 물러나지 않으며
삶을 지키기 위해 제 목숨 버리는 일 없게 하소서

새해부터는
공장의 굴뚝연기와 노동의 월급봉투가 두꺼운 경제가 되게 하소서
패랭이 속으로 흘러내리는 농부의 이마 위 땀방울이 기쁨이게 하소서
거리의 행상에 내리는 함박눈도 얼지 않는 희망이게 하소서
굶주려 우는 사람 추위에 떠는 사람 없게 하소서

새해부터는
설움에 지쳐 죽어간 영혼들이 편히 쉴 수 있게 하소서
살아남은 이들은 더 이상 좌절하지 않고 뜻대로 살 수 있게 하소서
사랑하는 연인들이 갈라서지 않고 하나로 살아가듯
내 나라 내 겨레 드디어 하나이게 하소서

새해부터는
일강정 이 마을에도 온갖 더러운 것들 싸그리 몰아내고
사람들 입가에 기쁨만 있게 하소서
바닷속 연산호와 붉은발말똥게와 은어와 층층고랭이와
'중덕' 이라는 이름을 가진 개와 그 개를 아끼는 모든 사람들이
해군기지 낯선 이물질 때문에 아파하지 않고 옛날처럼 오순도순 살게 하소서

새해부터는
제주도 이 섬에도 온갖 추잡한 것들 모조리 쓸어버리고
제주민들 마음에 기쁨만 있게 하소서
대한민국 이 나라에도 온갖 쓰레기 같은 것들 남김없이 살라버리고
백성들 마음에 환희만 있게 하소서

새해부터는
하늘의 해와 달과 별이 제 궤도를 운행하듯이
대지와 바다의 뭇 생명들이 제자리에서 제 삶을 살게 하소서
맑고 맑은 저승법으로 이승의 질서를 세우고
온 세계 온 우주가 아름다운 세상 사람 사는 세상을 칭송하게 하소서

2010년 1월 1일, '2010 생명평화 강정마을 해돋이 축제' 가 열리는 구럼비 해안에서 낭독하였다.

생명평화 사발통문, 창의의 깃발을 들어라!

- 〈강정평화 대행진〉에 부쳐

오늘 우리가 강정평화 대행진
제주도 동서 일주를 하는 뜻은
안으로는, 제주의 자존을 지켜내고
밖으로는, 세계의 평화를 일구기 위함이니
의로운 자 창의의 깃발을 들어라!

동진 장두 강동균을 위시로
강정에서 남원, 표선, 성산, 구좌, 조천을 거쳐 제주시로
서진 장두 고권일을 위시로
강정에서 중문, 대정, 안덕, 한림, 애월을 거쳐 제주시로

구름은 비를 부르고
비는 바람을 부르고
바람은 파도를 불러
온갖 궂은 것들 싹 갈아엎듯이

동진 서진에서
사람이 사람을 불러 제주시 탑동에서
생명과 평화로 하나가 되는
그 일만인 염원의 위력으로
창의의 깃발 높이 들어라!

신축년 이재수 항쟁 시절 구름처럼 일어섰던 것처럼
일제 강점기 시절 대일항쟁의 깃발 바람에 나부꼈듯이
무자기축년 4·3 시절 단선단정 반대 해방통일의 권기 휘날렸듯이

가장 작은 고을, 여기 강정에서부터 다시
생명평화의 새 물결 해일처럼 일어날 것이니
온갖 탄압과 유린과 침탈이 자행되는
가장 아픈 마을, 여기 강정에서부터 다시 비롯될 것이니

오늘의 사발통문,
해군기지를 폐閉하고
평화기지를 취取하라!

2011년 8월, 〈강정평화 대행진〉에 부쳐 쓴 시이다.

구럼비여 일어서라!

- 구럼비가 파괴되고 있다 살점 도려내듯 내 몸에 피가 흐른다 그가 아프니 내가 아프고 그의 비명을 내가 지른다

구럼비여 일어서라
깨어지고 부서지더라도 다시 일어서라
온몸 묶이고 가두어졌어도 몸을 떨쳐 일어서라
눈물과 한숨 거두고 분노의 결기로 힘차게 일어서라

저 펜스보다 한 열 배쯤의 높이로
감히 저들이 쳐들어오지 못하도록
감히 저들이 올려다보지도 못하도록
두려움에 벌벌 떨게 구럼비여 일어서라

구럼비여 일어서라
거대한 거대한 몸집으로 일어서서
수많은 바람과 파도도 함께 거느려서
땅과 바위와 바다와 하늘의 수많은
뭇 생명들을 함께 거느려서

저들의 천박한 욕망을 향해
저들의 추잡한 불통을 향해
저들의 비열한 야만을 향해
저들의 더러운 전쟁을 향해

깨어지고 부서진 그 조각들이 화살이 되어
돌팔매가 되어 치명적인 무기가 되어
감히 저들이 도발하지 못하도록
감히 저들이 일어서지도 못하도록

그대를 깨고 부순 자들과
그대를 묶고 가둔 자들과
그걸 뒤에서 사주한 자들과
그 사주를 즐기는 또 다른 사주자들을 향해서

구럼비여 일어서라
그리하여 그대가 품은 독기를 발산하라
그대의 저주를 있는 대로 다 방포하라
온 세계를 향하여 자존의 평화를 절규하라

이형상 목사 시절 당 오백 절 오백 불태웠어도
이재수 항쟁 시절 민군들 도륙되었어도
세화리 해녀항쟁 폭압으로 짓눌렸어도
무자기축년 4·3 시절 온 섬 떼죽음 되었어도

그러나 그리하여 다시 일어섰듯이

그렇게 구럼비여 일어서라
깨어지고 부서지더라도 그리하여
다시 일어서라

구럼비여 일어서라
그리하여 다시 뭇 생명들을 고이 안으라
맨발 아이들의 천진한 웃음을 받으라
평화의 다정한 발걸음을 축복하라

구럼비여 일어서라!
제주도민이여 일어서라!
정의여 분노여 일어서라!
만국의 양심이여 일어서라!

2011년 9월 9일, 강정마을 다음 카페 〈구럼비야 사랑해〉에 올린 시이다. 2013년 4월 5일, 김경훈의 4·3문학 콘서트 '벙어리 사만이의 언어들' 공연에서 다시 한 번 낭독했다.

이 펜스를 걷어라

이 펜스를 걷어라
이 비열한 야만의 장막을 걷어라
너희가 세운 이 흉물 너희 손으로 걷어라

이 펜스를 걷어라
너희가 너희 스스로를 묶지 않으려거든
이 더러운 폭력의 장벽을 당장 걷어라

이 펜스를 걷어라
너희가 제명대로 살고 싶거든
이 천박한 야욕의 산성을 냉큼 걷어라

이 펜스를 걷어라
돌멩이 하나가 구럼비 되어 일어서고
꽃 한 송이가 거대한 덩굴로 물결치리니

이 펜스를 걷어라
너희 죽은 심장에 가 박히기 전에
너희가 박은 이 말뚝 너희 스스로 걷어라

2011년 12월 26일 임진각을 출발해 1번 국도를 통해 전국에 해군기지 반대의 뜻을 전한 한국작가회의의 '글발글발 평화 릴레이'에 참가했던 작가들이 26일 만에 강정마을에 도착, 해군기지 반대의 목소리를 높였다. 2012년 1월 17일 도착행사에는 소설 '태백산맥'과 '아리랑' 등을 쓴 한국 문단의 거목인 소설가 조정래 씨를 비롯해 제주4·3을 다룬 소설 '순이삼춘'의 작가 현기영 씨와 도종환 시인, 그리고 지난해 한반도를 뜨겁게 달궜던 영화 '도가니'의 원작자인 소설가 공지영씨 등 대한민국에서 내로라하는 작가들과 시민 등 500여 명이 참가했다. – 〈헤드라인제주〉, 이날 강정마을 해군기지 펜스 앞에서 '절규하듯이' 이 시를 낭독했다.

봉기 Uprising

- 오등은 자에 아 대한민국의 독립국임과 대한민국인의 자주민임을 선언하노라. 차로 써 세계만방에 고하야 인류평등의 대의를 극명하며, 차로써 자손만대에 고하야 민족 자존의 정권을 영유케 하노라

FTA가
Free
Trade
A ?
미국말로 뭐였지?
모르겠다 좌우간 협정이라는 말이겠지

그 말 자체도 미국놈들이 만든 말이니까
일방적으로 받아들여 외울 필요는 없는 거고

그러니까 번역하자면
'자유무역협정' 이라는 것이겠는데

문제는
이 표기 기호에서부터
합의 문서까지
미국놈들 말만을 써야 한다는 것이다
그러니까 부자유는
불평등은

이미 여기에서부터 시작된 것이다

그런 의미에서
내 오늘 이야기 하나 해주지

미국이라면
미제라면 무조건
가랑이부터 벌리고 보는
매춘부들에게

위에는 대통령부터
미국말 유학연수에 목매단 년놈들에게
온통 썩어빠진 미국병 불치병 환자들에게
그 괴수의 수괴들에게

내 오늘 이야기 하나 해주지
적어도 58년 전의 제주도에서는 말이야
점령군으로 상륙한 미군이 말이야
이 쪼끄만 섬에서 말이야
적어도 몇 달간은 제대로 기를 펼 수가 없었단 말이야

왜인지 알아?
도토리 밤톨보다도 작은 이 제주사람들이 말이야

양과자를 먹지 말자!
양담배를 피지 말자!

코흘리개부터 어른들까지
한목소리로 외쳤단 말이야
'양키 고 홈!' 을 외쳤단 말이야

지금의 얼빠진 놈들이
'헤이 쪼꼬렛 기브 미!' 라고
구걸하는 것과는 정반대로 말이야

자유라는 이름으로 식민지 약소국의 피를 빨아먹는
제국주의 아메리카의 정체를
제주도민들은 이미 58년 전에 다 알아차렸다는 말이야

그러니 말이야
너희 미국놈들에게 내 한마디 하고 싶은데 말이야

이 땅 제주도는 너희가 올 곳이 아니야
너희의 그 썩어빠진 자유가 올 곳이 아니야
식민지 미개한 인종들에게 경제자유라는 이름으로 다시
점령의 깃발을 꽂고 싶을 테지만, 아니야

아서라!

우리는 알거든
너희가 말하는 자유란 이름의 종속
너희가 말하는 평화란 이름의 전쟁
너희가 말하는 그 모든
달콤한 언사의 뒤에 숨어있는 추악한 음모를

그러니 말이야
제발 다시 한 번 부탁하건대
말로 할 때
그냥 제발 조용히 돌아가 줄래?

고양이도 막다른 골목에선 쥐를 문다고 했나?
아니, 그 반대인가?

좌우간 말이야
우리는 대한민국이 자주독립국임을 선포했거든
그러니 말이야

이제 너희에겐 단 두 가지 선택이 남았거든
그냥 예쁘게 오던 길로 되돌아가든지
아니면 맞을 매 다 맞고 병신되어 덤터기 쓴 채
오도 가도 못 하든지 말이야

그래 난 자비심이 좀 있는 사람이거든
내 밭에 있는 삽 한 자루 곡괭이 한 자루
돈 안 받고 너희들에게 빌려줄게

그래
구덩이 잘 파고
그 안에서 푹 쉬기를
내 진심으로 기도할게

그때 딱 한마디만 할게
"너희의 오만이 너희의 무덤을 스스로 판 것이다"
라고 말이야

아,

FTA 그 A가 뭐였냐?

이왕 영어 얘기가 나온 김에 한마디만 마지막으로 할게

난 영어를 무지 싫어하지만

그 A를 네놈들에게 돌려주기 위해 이 말은 배웠거든

Uprising!

우리말로 '봉기' 야!

2006년 10월 23일, 제주 하늘 아래에 한미 FTA를 반대하는 온 국민의 목소리가 높이 울려 퍼졌다. 한미 FTA 4차 협상 첫날인 지난 23일 <한미 FTA 저지 범국민운동본부>는 오후 3시부터 제주컨벤션센터 앞에서 '한미 FTA 저지 범국민대회'를 개최했다.
범국민대회에 참가한 약 1만여 명의 시민들은 "한미 FTA는 온 국민의 삶과 권리를 파괴시킬 것"이라면서 "한미 FTA를 즉각 중단하라!"라고 목소리를 높였다. 이 행사의 전야제에서 이 시를 낭독했다.

대추리大秋里의 만월滿月

- 2006년 4월 15일

대추리에 보름달이 떠 있었다
가을 풍년을 바라듯
백목련과 개나리 제비꽃 민들레가 어울려 피어 있었다
그리고 날이 밝았다
사람들이 있었다
너른 들판엔 볍씨 직파를 위한 트랙터 작업이 시작되었다
떠나는 이 붙잡지 않고
남은 이들은 빈집과 무덤들과 함께 여전히 살아 있었다
그러니까 여기는
있어서는 안 될 것들은 있어서는 안 되는 곳이다
가령 미군이라든가 어른들의 한숨 소리라든가 눈물이라든가
그러니까 여기는
있어야 할 것은 꼭 있어야 하는 곳이다
가령 아기들의 웃음소리라든가 수확의 기쁜 땀방울이라든가
해가 지고 달이 뜨듯
그러니까 다투어 피어난 온갖 꽃들을 닮은 조선의 사람들이라든가

2006년 4월, 평택 대추리 현장에서 마을을 떠난 주민의 빈집 벽에 이 벽시를 썼다.

2부

축하

복원復元

- 무너진 제주 공동체의 회복을 위하여

저기 버려져 있구나
저기 아무렇게나 버려져 있구나
저 버려진 땅에
버려진 쭉정이 낟알들이 곡식들이 열매들이
버려진 사람들과 뒤엉켜 아무렇게나 버려져 있구나

저기 무너져 있구나
저기 처참하게도 무너져 있구나
이시믄 이신 양 어시믄 어신 양 오순도순 살던 그 마을이
이웃 집 돌담 너머 제사음식 나누던 그 정이
무너진 밭담 사이로 휑하니 찬바람만
무너진 사람들을 헤집고 다니는구나

저기 헤싸지고 있구나
저기 더욱 가라앉고 있구나
저기 더더욱 죽어가고 있구나

우리 어멍 살을 받고 우리 아방 뼈를 받앙 태사룬 이 땅
땅을 닮은 얼굴들이 땅을 닮은 옷을 입고
신새벽 이른 조반에서 해거름 늦은 밤참까지
등가죽이 벗겨지고 등허리가 휘어져라 땅을 파던

땅을 닮은 사람들이 옹이 박힌 제 손으로 제 가슴팍 파고 있네

흉년들어 망가진 살림에
풍년이 오히려 돈이 안 되는 세상이지만
땅이 거짓말 안 하듯
우직하게 땅에게 땀을 바치는 사람들이 여기에 있네
땀이 모자라면 살과 피마저 퍼주는 사람들이 여기에 있네

여기 일어서고 있네
버려진 사람들이 버려진 대로 마냥 버려지지 않고
여기 일어서고 있네 버려진 곡식 낱알 열매들이
버려진 땅에서 일어서고 있네

여기 다시 세우고 있구나
무너진 밭담 울담이 저대로 마냥 무너진 채 있지 않고
촘촘히 바람구멍 막아가며 튼튼히 세워지고 있구나
무너진 사람들이 무너지지 않고 무너진 공동체를 일으켜 세우
고 있구나

여기 살아나고 있구나
여기 되살아나고 있구나

여기 원래대로 되살아나고 있구나

2006년 8월, '제주4·3평화인권 마당극제' 팸플릿에 수록됐다.

말하라, 그대들이여

- 〈제민일보〉 창간 축시

말하라 그대들이여
진실을 말하라 아름다움에 대하여
참된 진실에 대하여 말하라 왜
아름다움의 뒤에는 온갖 한숨과 눈물
핏빛 진실이 감춰져 있는지 왜
그 속에서 피어나는 한숨의 응결 눈물이야말로
진실로 아름다운지 말하라, 그대들이여

진실을 말하지 않고 과거를 기억하지 못한 역사는 되풀이된다

역사는 증언의 심판대에 선 그대를 기억하리니
그대여 말하라
그대의 눈물과 한숨 그 깊은 고뇌와 절규의 메아리가 또한
역사가 되어 되돌아오지 않던가

차마 고백하지 못했던 청춘 시절의 사랑 하나 그리고
우중충한 날씨만큼이나 부끄러운 기억에 대한 참회도 없이
다만 흐른 세월에 맡겨 적당히 애써 망각해 온 지난날
그러나 이제는 말하라 그대여

한라에서 백두까지

그 태고자연의 원시림 같은 순수의 포부로 말하라
다만 한 치 앞선 달변으로 진실의 반대편에 서려거든 차라리
침묵하라

그러나 정의는 언제나 승리하리라 다시
주위를 둘러보라 어디선가 힘없는 자들이
소리 없이 울고 있지 않은가
처음의 그 자세로 다시 한번 귀 기울이라

2003년 6월 1일, 〈제민일보〉 창간 23주년 기념 축시.

어머니

- '제주4·3 장한 어머니상' 수상에 부쳐

무자기축년 그 캄캄한 하늘엔 별도 없어라
한번 간 당신은 다시는 돌아오지 않고
올망졸망 어린것들만 세상모르고 잠들었어라
찬 기운에 온몸 소스라치는 새벽마다
비명에 간 당신 기억 이리도 선연한 건
아, 모진 목숨이여
어린것들 잘 키우라는 운명이리라

모든 게 다 어지러운 시국 탓이다
살암시믄 살아진다고
별도 없는 캄캄한 어둠에 서서 굳은 심지 돋우리라
저 팽나무처럼 단단히 뿌리내리고
저 바람에 서걱이는 대나무처럼 살아남은 사람들 벗하여
살아야 하리라
살아남아야 하리라

그렇게 살아온 지난날 이제는 꿈처럼 아련한데
검은 머리 힘겨워 새하얘지고 주름 깊은 얼굴엔
검버섯 저승꽃만 별처럼 박혔어라

아, 뒤돌아보면 아득하여라

볼세라 혼자만 흘렸을 그 눈물 바다가 되고
들을세라 혼자만 삭였을 그 한숨 태풍이 되어
책 몇 권 내고도 남을 이야기 아이들은 알기나 할까
세상 살다 좋은 날 올 줄 어디 짐작이나 했으랴
살아온 나날들 당신 생각 안 한 날 없건만
오늘따라 더 미어지게 그리운 걸 당신은 알기나 할까

2004년 12월 23일, 한국 현대사의 최대 비극인 4·3으로 가족을 잃은 아픔 속에서도 자녀들을 훌륭히 키운 제주의 장한 어머니 33명이 '제주4·3 장한 어머니상' 수상자로 선정돼 제주도청 대강당에서 도민들로부터 많은 축하를 받았다. 이때 이 축시를 제주4·3사업소 조사원 이윤영이 낭독했다.

재일 조선인 4세 소녀에게

소녀야
강휘선 무용단의 어엿한 한 사람으로 제주에 온
재일 조선인 4세世 소녀야

올해 네 살 된 너는
밝은 미소로 기차놀이 무용공연을 하였지
휴전선도 없고 분단의 아주 사소한 앙금도 없이 너는
한반도가 너의 길이 되어 달리고 또 달렸지

무대 위 커다란 소나무 팻말에 적혀 있는
'판문점' 이라는 흉물의 뜻을 너는 알까
못난 어른들이 만들어 놓은 금줄을 너는 알기나 할까

그 이해할 수 없는 것들을 채 알기도 전에
너는 열네 살이 되겠지 그때가 되면 너는 덜컥
가슴을 치는 소리를 듣게 되겠지
'외국인 등록갱신' 이라는 쇠망치 소리를 듣게 되겠지

그때가 되면 소녀야
태어나서 자란 나라와 조국이 다르다는 것에 대해
재일 조선인으로 산다는 것에 대해

너는 스스로 뼈아프게 되새기겠지
차별과 소외라는 것에 대해서도 너는 온몸으로 느끼게 되겠지

너의 아버지의 아버지의 아버지 때부터
너에게 고스란히 유전되는 고통의 정체에 대해
민족이나 조국 그리하여 자기정체성에 대해
너는 무수한 날밤 지새우며 고민하겠지

그러나 소녀야
그 모든 아픔을 너의 세대들에게만큼은 물려줄 수 없구나
너가 오늘 달리고 달린 그 길이 꿈이 아니라고
그것이 환상이 아니라 바로 지금의 현실이라고
나는 지금 너에게 말하고 싶구나

소녀야
재일 조선인 4세 소녀야
이 제주에서부터 백두까지 통일의 선로를 하나씩 놓자꾸나
너희의 꿈을 위하여 못난 어른들은 선로의 침목이 될지니

소녀야
너희들은 마음껏 내달리거라

10년 후에는 너희가 주인 되는 세상이 되리니
너희의 마음속에는 오직 푸른 꿈만 가득하거라
나의 딸, 조선의 소녀야

2006년 8월 11일, 재일 조선인 강휘선 무용단 〈날새〉의 「독립의 꽃 유관순」 제주 공연 뒤풀이 자리에서 낭송한 시이다.

발광

- 서해에서의 남북군함 발광 연습을 보며

전엔
서로 잡아먹지 못해
발광發狂하더니

이젠
서로 살기 위해
발광發光하누나

그렇구나
이렇게 오는 거구나
미친 광기狂氣가 가고

이 나라에 광기光氣가 오는 거구나

2007년 10월 2일, 서해에서의 남북군함 발광 연습을 보며 기쁜 마음으로 이 시를 썼다.

아픔을 잇고 기억을 나누는 바느질 집

- 진아영 할머니 삶터 개관에 부쳐

단 한 번
남 앞에서 밥 아니 드시던
할머닌 누가 볼세라 홀로
먼 마실 가셨지만

말 못한 유언처럼 휑하니 남은
집 한 칸
헐고 낡고 터져 아픈 기억을
고운 마음이 메웠나니

한 땀 한 땀
바느질이 고운 옷 짓듯
한 땀 한 땀
아픔을 잇고 기억을 나누듯

아들 되고 딸 되고 조카 되고 손주 되어
울담 답고 도배하고 장판 깔고 지붕 칠해
새 보금자리 틀었으니

선인장 핏빛 상처 속에
샛노란 꽃이 돋듯 화안히

마실 다녀오신 할머니

참빗 정결히 머리 빗고
갓 지은 따스운 새 옷 곱게 입어
아이들 맑은 노래 고운 웃음 받으리

2008년 3월 25일, 4·3의 아픔을 상징적으로 보여주며 한과 고통으로 이승의 삶을 살다간 '무명천 할머니', '진아영'이라는 본명보다 '무명천' 할머니로 더 유명했던 그녀가 생전에 머물렀던 삶터가 복원됐다. 13㎡(4평) 남짓한 자그마한 방에는 할머니가 생전에 사용하던 이불이며 옷가지, 장신구, 생활용품 등이 전시돼 있다. 이날 이 시를 낭독했다.

인권의 승리 진실의 승리

- 강희철 선생의 무죄 확정을 기뻐하며

2008년 6월 23일, 제주지방법원 제2형사부는 조작간첩 강희철 씨 재심 선고공판에서 1986년 국가보안법 위반 혐의로 구속기소돼 13여 년간의 옥살이를 해 온 강씨에게 무죄를 선고했다.

인권의 승리!
생사람을 잡아다가 생고생을 시킨 국가라는 폭력기구에 대한 준열한 심판이다!
진실의 승리!
폭행과 고문 협박과 감시의 생지옥을 뚫고 솟아난 빛나는 진실의 위대한 한판승이다!
'억울한 한과 원통함 속에서 기만의 세월을 사느니 차라리 죽음으로 억울함을 세상에 알리겠노라'* 목숨 건 단식투쟁과 '진실은 영원히 감옥에 가둘 수 없다'**는 부단한 진실규명 싸움의 빛나는 수확 부활의 결정체다!

아, 그러나

아, 이장형 선생!
끝내 옥죄는 굴레를 벗지 못한 채 지하무덤에까지 낙인을 가져가야만 했던,
아, 손유형 선생!

끝내 포승의 매듭을 풀지 못한 채 외진 일본땅에서 쓸쓸히 고국 바라보는,

그러나, 그러나

동토의 찬 얼음장 밑에서 복수초 그 노란 꽃망울 움트듯
이국의 찬 서리 버텨 서서 수선화 그 밝은 햇살 꽃 피듯

시작이다!
새 희망을 밀어 올릴 떡잎이다
수많은 희생과 투쟁 속에서 이루어낸 새 생명들의 활착이다
그리하여 인권과 진실이 승리로 영생하는 평화 대동세상의 주춧돌이다!

* 광주교도소 조작간첩옥중투쟁위원회 이장형 선생 등이 무기한 단식농성에 들어가며 심정을 밝힌 글.
** 조작간첩 구명운동을 펼친 천주교 제주사제단의 말.

이 시는 그동안 후원모임에서 적극적으로 활동해온 김경훈 시인이 무죄선고를 받은 당일 즉석에서 지은 축시다. 강희철 씨의 무죄선고에 대한 기쁨과, 2년 전 세상을 떠나면서 끝내 명예를 회복하지 못한 이장형 씨에 대한 안타까움을 담고 있다. 그러면서 인권과 진실이 승리로 영생하는 평화 대동세상을 기원하고 있다. 그는 1993년 결성된 이장형 간첩조작사건 후원모임 등에 참여해 활동해 왔으며, 그 해 후원활동의 하나로 무대에 올려진 「저 창살에 햇살이」라는 연극 대본을 쓰고 공연을 하기도 했다. – 〈미디어제주〉

사철광대가

- 놀이패 한라산 세경놀이 순회공연에 부쳐

꽹과리 소리 쟁쟁 다투어 꽃이 피니
이 산 저 산 분명코 봄이로구나
한바탕 풍물굿으로 세경신 오곡 씨 고이 땅에 뿌리고

덩기덩기 장구소리 비를 불러 화답하니
여름 되어 녹음방초 승하시라
일노래 노동요로 두불 세불 검질 매어 햇볕 가득 받으니

구름 가득 흐린 날도 둥둥 북을 울려라
제 절개 굽히지 않는 청명 가을 돌아오니
물오른 연기로 튼실한 열매 되어 지천으로 흐드러지고

찬 바람 징 소리에 백설 펄펄 휘날리어
월백 설백 천지백 겨울이로구나
넉넉한 춤사위로 곳간마다 나누고 남을 곡식 가득하니

세월아 가지 마라
가는 세월 저절로 가지 못하게
열두발 상모끈으로 묶어 신대 끝에 단단히 매달아두고

나라 꼴 더럽게 하는 놈과

집안 꼴 욕되게 하는 놈과
사람 꼴 우습게 하는 놈들
강림이 손에 심겨 좋은 데 먼저 보내버렸으니

나머지 벗님네들 모여 앉아서
한 잔 더 먹소 하면서 거드렁거리고 놀아보세

하늘과 땅과 사람 사이에 광대가 있어 웃음웃을꽃 만발하구나
해동조선 제주섬 예가 바로 서천꽃밭이구나

2009년 5월, 〈놀이패 한라산〉의 세경놀이 제주 순회공연에 부치는 시이다.

섬이 흔들리고 있다

- 주민소환에 앞서 제주도 도보순례를 하는 강정 주민들을 위한 헌시

섬이 흔들리고 있다
자체 지각변동이다
수천 년 조용하던 한라산이
그 휴식년제를 끝내고
섬의 남쪽의 땅 아래에서부터
지표면으로 솟구쳐 오르는
거대한 용암 줄기로 어깨를 겯고 있다

역사는 항상 정의의 신념으로
반동을 억제하고 진보한다

이 타는 듯한 여름날
저 남쪽 땅 강정에서부터
저 어르신들과 아저씨들과 아줌마들과 청년 소년들이
역사를 만들어가는 대장정의 걸음 속에
주민자치의 민주주의 초석이 쌓이고 있다
민중이 주인이라는 그 기본명제가
걸음걸음마다 각인되고 있다

섬이 세차게 흔들리고 있다
뙤약볕 속 밝은 행진으로 지축을 울리는 그 힘으로

스스로 빛나는 자체발광
민주주의의 새로운 빛으로 분출되고 있다

승리를 향한 발걸음도 가볍게
밝은 얼굴들이 제주섬을 구석구석
민주의 이름으로 밝게 점령하고 있다

2009년 8월, 김태환 지사에 대한 주민소환에 앞서 제주도 도보순례를 하는 강정 주민들을 위해 이 시를 썼다.

더러운 잔 받지 않는다!

- 〈제주주민자치연대〉 창립 10주년을 축하하며

한 10년 전의 일이다

그날 밤의 그 술잔을 잊을 수 없다
불의를 권유하는 검은 손으로 내미는
악마의 피 같은 비릿한 술맛을 잊을 수 없다

조명도 음산한 어둠 속의 어둠 같은 지하 술집에서
그 어둠보다 더 비열한 모종의 거래를 위해
내 손에 들렸던 그 술잔을 나는 아직 잊을 수 없다

굴욕과 증오를 단숨에 비워낸 정조를 팔아버린 양심은
뒤틀린 위장의 염증으로 구토만 유발했다

그리고 10년이 흘렀다

술잔을 건넸던 그놈은 성사된 거래 위에서
제 잘난 척 황황하게 나대며 세상 온통 유린하고 있고
나는 두문불출 어둠의 잔재 속에서 괴로워했다

그렇게 부어라 마셔라 애꿎은 술만 조져댔다
'한 푼 돈이 없어 빌붙어 마셔도 더러운 잔 받지 않겠다' 며

더러운 돈 한 푼 받지 않는 우직한 동무와 술을 나눴다

이제 그 동무의 10년이다
강산도 변한다는 그 10년의 세월이다
그러나 단지 시간만 하릴없이 흐른 게 아니라
10년 그 세월의 더께에 더해 여린 나무 둥치로 자라고
수많은 가지마다 쉼그늘을 마련하였다

그 쉼그늘에 사람들이 쉬지 않고 드나들었다
없는 놈끼리 못난 놈끼리
막사발 탁배기 김치 깍두기에도
모이고 또 모여서 조직이 되고 집단이 되고 군중이 되었다

어둠에 지배당하지 않는 그 밝은 얼굴들이
파문처럼 회오리바람처럼
조금씩 조금씩 뭉텅뭉텅 어둠을 퍼낸 자리마다
진녹색의 나무가 또 자라 빛의 영역을 확장하고 있다

한 10년쯤 후의 일이 될 것이다

백주대낮에 나는 이 고운 여러 동무들과

순결한 손을 잡고 어깨 걸고 정의의 물결로
대동의 한판춤을 추며 쉼 없이 술잔을 부딪칠 것이다

술잔에 고인 환희와 정열을 고이고이 나누며
퍼덕이는 물고기처럼 양심이 살아있는
그런 세상을 자축하며 축배의 만취를 즐길 것이다

20년 전쯤 나에게 굴욕을 강제했던 비열한 어둠을 몰아내고
제 세상인 듯 활개 치던 그 협잡꾼도 저 세상 보내고
잊을 수 없는 몹쓸 기억의 악귀 같은 술잔도 박살내어버리고

세상살이 좋은 날 다 왔거니
힘차게 힘차게 새 술잔을 부딪칠 것이다

자치의 술잔
자존의 술잔
그리하여 자주 민주 통일의 술판!

2009년 12월 19일, 〈제주주민자치연대〉에서 활동하고 있는 벗 고성환의 부탁으로 쓴 시이다.

그날 우리는 하늘을 보았다

- 〈서귀포 6월민주항쟁 정신계승사업회〉 결성에 부쳐

그날 우리는 보았다
그날 우리는 똑똑히 두 눈으로 보았다
그날 우리는 가슴으로 온몸으로 드디어 보았다

호헌철폐 독재타도의 거대한 함성으로
분노로 일렁거리는 팔뚝의 날갯짓으로
저 멀리서부터 구름이 걷히는 것을 보았다
그 사이로 드러나는 하늘을 보았다

남도의 서귀포에서부터 서울 한복판까지
한반도는 한 하늘이었다
두려워 떨쳐나서지 못했던 무기력을 벗고
오직 광장으로 내달던 그 함성의 사람들은
그 자체로 모두 하나의 하늘이었다

그 하늘이 이제 다시 가리워지고 있다
그 하늘이 이제 다시 시커먼 먹구름으로 가리워지고 있다
권력 명예 재산 가질 것 다 가졌다고 자부하면서
그걸 휘두르는 자들에 의해 하늘이 거멓게 덮이고 있다

동서고금의 모든 역사에서 기득권 가진 자들은

수백 수천 년 동안 가진 것을 더 배불렸다
힘깨나 있고 똥깨나 뀌는 자들에 의해
가진 것 없는 사람들은 그나마 있던 목숨마저 빼앗겨야 했다

그러나 보아라
'시간관계상 그 외 거명하지 못한 사람들' 이
진짜로 주인 되는 그런 세상
역사는 그런 사람들의 의로운 투쟁으로
진보하고 발전한다

우리가 6월의 거리에서, 눈물로 감격으로 보았던 그 잠깐의 세상
바로 그렇다 그 세상이 바로 우리 자신이다
손에 손에 촛불을 밝혀 든 우리 모두의 마음이 그 하늘을 불러온다
그러니 이제 남은 것은 진실이다 사람이다 진정이다

단 한 명이라도 시작이다
그 촛불들이라면 충분히 그런 하늘을 떠받치는 초석을 다진다
그렇다 변혁은 다만 바꾸는 것만이 아니라
우리 속에 내재한 이런 의미와 가치를 되찾는 것이다

강요된 거짓 차렷이 아니라 자발적 절제가
세상을 움직이는 힘이다 그런 감동이 세상을 살찌우는 내재적 혁명이다
간직할 소중한 의미와 인간의 가치가 구현되는 것이
이 세상의 전부다

그것이 그 모든 사람들이 보았던 하늘이다
구름 한 점 없이 맑은 하늘이다
그 하늘이 그런 사람들에 의해 열리고 있다
구름 한 점 없이 맑은 6월의 하늘이 다시 열리고 있다

2010년 1월 31일, 87년 '6월 민주화 항쟁'을 기억하는 이들이 모여, 〈서귀포 6월 민주항쟁 정신계승사업회〉를 꾸렸다. 창립 첫해를 이끌어갈 위원장에는 이영일 형이 위촉됐다. 이를 축하하는 시를 써서 보냈다.

나눔과 베풂의 공동체를 위하여

- 5·18민중항쟁 30주년 '제23회 광주 전국민족극한마당' 에 부쳐

누이야
가진 자者만이 나누거나 베풀 수 있는 거라고
너는 알고 있느냐

아니다 누이야
없는 이가 자기 가진 마지막 것을 선뜻 내놓는 일이
진정한 나눔이고 베풂인 것이다 누이야

누이야
그렇게 나누기에 가진 것 없고
그렇게 베풀기에 잘난 것 없는
전국의 광대들이 빛고을에 모였다는구나

누이야
그들은 가진 게 없기에 당당하기가 거침이 없고
거칠 게 없기에 삶이나 죽음 또한 당당하거니
누이야, 저 광대 팔자 불살라 피어오르는 신명의 굿판을 보아라

누이야
세상의 온갖 몸짓과 소리와 눈빛과 마음이 어우러져
하늘을 울리고,

땅을 울리고,
그리하여 사람을 울리는,
그들의 피와 땀과 눈물과 한숨의 결정인 저 마당을 보아라

누이야
있는 자者만이 누리거나 나댈 수 있는 거라고
너는 생각하느냐

아니다 누이야
없는 놈끼리는 얼굴만 봐도 즐겁다지 않았느냐
세상 길 올곧게 쳐들이는 건 저들이다 누이야
나누어 베풀고 누리어 나대는 저들이다 누이야
그것이 생피이건 생살이건 생목숨이건 말이다

저 날것 싱싱한 노름마치가 진정한 공동체다 누이야

2010년 5월, 5·18민중항쟁 30주년 '제23회 광주 전국민족극한마당' 팸플릿에 실렸다.

'날으는 생이꽝'

- 강덕환을 생각하며 후배 경훈이 쓰다

아는 사람은 안다

이십 년 전 몸피가 새 뼈 수준이어서
덕환 형의 별명이 '날으는 생이꽝' 이었다는 걸

그 당시 유명한 여자배구 선수의 별명처럼
'꽝' 만 남은 몸으로도 '생이' 처럼 '날' 던 것이었는데

지금은 몸이 불어서
살 속에서 꽝을 찾으려면 한참을 뒤져야 하지만

무기력하게 사회의 저속함에 휩쓸리지 않고
날렵함 대신에 날선 정신 더 온유하나니

제 앞가림만 분주한 이 경박한 시대에
진정 넉넉함이 무언지 넌지시 전파하는

후덕하게 모든 사람 껴안아
환한 세상 경쾌하게 '날' 사람이라는 걸

아는 사람은 안다

2010년 11월 12일 저녁 7시, 강덕환 시인의 시집 『그해 겨울은 춥기도 하였네』 출판기념회가 〈놀이패 한라산〉 연습실에서 개최됐다. 이 자리에 이 시를 현수막으로 내걸었다.

되살아오는 유월에

반도의 최남단 서귀포 예서부터
다시 민주의 바람이 시작되리라
낮게 드리워진 검은 구름 걷어내고
맑은 하늘이 예로부터 열리리라
질풍노도 천둥벼락의 함성으로
써근섬 바다 가르듯 새날은 오리라
그리하여 맑고 맑은 빛의 심판이
온갖 더러운 것들 싹 녹여 내리라
오직 정의롭고 자유로운 영혼들이
삼라만상 하나 되어 예서 영원하리라

1987년 6월 26일 서귀포 청년들을 중심으로 일어났던 6월 민주항쟁을 기념하고자 마련된 기념조형물 제막식이 2011년 6월 25일 서귀포 올레매일시장 어린이놀이터에서 열렸다. '서귀포 6월민주항쟁 정신계승사업회'(회장 이영일)가 주최하고 서귀포시와 민주화기념사업회가 후원한 이번 행사는 24년 전, 민주화운동의 신호탄을 쏜 서귀포 6월항쟁을 기리고자 마련됐다. 위의 시는 김경훈 시인의 축시이다.
– 〈서귀포신문〉

눈이 내리면

- 시집 『사랑의 깊이』 상재하시는 김명식 선생님에 대한 헌시獻詩

- 24년 전 제주에서 4·3강연을 마친 후 ‘이제 젊은이들이 나서야 한다’ 라고 우리들에게 말하며 그날 당신은 끝내 눈물을 보이셨습니다. 그 눈물의 의미를 생각합니다.

눈이 내리면
한라산의 겨울 눈이 내리면
무자기축년 눈 속의 연락병을 생각합니다
홑옷바람 살 에이던 생목숨 날혼들을 생각합니다
산속 더 깊은 트 봉화烽火 같은 무장대들을 생각합니다

눈이 내리면
칼바람 칼춤의 폭설이 내리면
지금도 한뎃잠 자는 류민流民들을 생각합니다
헐벗고 굶주린 사해四海의 이웃들을 생각합니다
한 줌 온기 없이 영어囹圄를 인내하는 사람들을 생각합니다

눈이 내리면
북풍한설 반동의 눈이 내리면
덮인 채 감춰진 비린 것들을 생각합니다
누적된 인간의 야만과 폭력의 역사를 생각합니다
온통 추악한 현실의 이면과 혁명적 반역을 생각합니다

눈이 내리면

한 계절이 다하듯 절명의 눈이 내리면
수선화 천리향 응징의 복수초를 생각합니다
선이골 설한雪寒 감내하는 식생들을 생각합니다
우주의 새봄 일구는 생명 품은 사람들을 생각합니다

2011년 1월 21일오후 6시 30분, 제주문학의 집에서 김명식 시집 『사랑의 깊이』 출판기념회가 열렸다. 김명식 시집을 준비하는 사람들이 주최하고, 제주문학의 집 · 제주작가회의 · 제주4·3연구소 · 제주민예총 후원으로 마련됐다. 이날 이 시를 낭독했다.

생명의 길 평화의 길 사람의 길

- 〈생명평화결사〉 제주 도보순례에 부쳐

길을 간다

이 길은 생명의 길이다
뭇 살아있는 것들의 근원인 물의 길이다
가장 낮은 자세에서 기인하면서도
가장 깊은 생명을 간직한 삶의 길이다

이 길은 평화의 길이다
다 타버린 고목에서 움트는 봄의 길이다
가장 아픈 기억을 간직하면서도
가장 높은 이상을 펼치는 내일의 길이다

이 길은 사람의 길이다
늘 부대끼며 어우러지는 꿈의 길이다
가장 좁은 일상의 평등이면서도
가장 넓은 우주로 전하는 희망의 길이다

생명의 길은 그대로 평화의 길이다
평화의 길은 그대로 사람의 길이다
사람의 길은 그대로 생명의 길이다
모두 한길이다

몸으로 수놓는 마음의 힘, 바로 그 길이다
더듬고 보듬어 걸어가는 이 길 위에
생명과 평화와 사람이 다시 살아나서
우리를 향해 웃으며 팔 벌려 다가오고 있다

우리는 이 길을 간다

2012년 1월 14일, 생명평화를 가꾸고 실천하고자 결의한 사람들의 연대인 〈생명평화결사〉가 평화의 섬 제주를 기원하는 '2012 생명평화 제주순례'에 나섰다. 이 시를 써주었다.

이 작은 촛불 하나가 거대한 봉홧불이 되어

한반도의 대동맥, 국토의 살점들
대양의 흐름조차 시멘트와 쇳덩이로 막혀도
헤아릴 수 없는 아픔, 무수한 죽음들
그러나 마냥 앓아눕지 않고
드디어 손에 손에 생명의 촛불을 들었나니
그 어떤 바람도, 가진 자의 광풍
서녘의 삭풍으로도 이 촛불을 끄지 못하리라
강정, 제주에서 시작된, 이 작은 촛불 하나가
거대한 횃불, 불화살이 되어
한반도 모든 고을의 봉홧불이 되어
매국으로 치부하는, 어둠의 노예들
악령의 종자들, 그 어둠을 살라버리고
평화, 그 헌신의 자발적 고행
빛의 영광, 고귀한 정령의 꽃으로
울분과 원한, 분노를 딛고 살아오는
살아서 환한 세상, 여기 강정에서
다시 촛불을 밝히리라

2012년 6월 28일, 제주 서귀포시 강정마을에 건설하는 해군기지를 막아내기 위한 '촛불 이어 켜기'가 강정마을에서 서울까지 이어진다. 강정마을회는 28일부터 다음달 27일까지 '강정 1만인 평화대행진' 성사를 위한 '달려라 촛불! 힘내라 강정! 지키자 평화!' 행사를 연다고 밝혔다. 이날 저녁 7시 30분 강정마을 제주해군기지사업단 앞에서 진행된 첫 번째 촛불문화제는 강동균 강정마을회장의 인사말과 김경훈 시인의 시 낭송, '제주해군기지와 한반도 평화 관련' 영상 상영 등의 순서로 진행됐다. – 〈헤드라인 제주〉

지금은 비록 눈물 속 애써 웃음이지만

- 김민수 · 박윤애의 결혼식에 부쳐

지금은 비록
강정 해군기지 공사장 입구
눈발 날리는 황량한 초례청
차디찬 거리의 결혼식이지만

마을회장 넉살의 주례가 있고
장작난로 온기의 축가가 흐르고
왁자지껄 미소의 하객들 있으니

그 속에서 둘은 이제
하나의 세계를 같이 열고
우주의 중심에 섰다

맞잡은 두 손, 그 지점이 둘의 시작이다
내딛는 걸음, 그 행진이 모두의 동행이다
북돋는 축하, 그 연대가 우리의 희망이다

그러니 지금은 비록
눈물 속 애써 웃음들이지만
우리의 내일은 푸지게 따스운 날
구럼비 할망물에서 생명을 축복할진저

2012년 12월 9일, 간간이 눈발이 날리는 가운데 강정 마을의 아픔과 기쁨을 함께 하던 주민이자 지킴이 두 사람의 결혼식이 해군기지 사업단 앞에서 열렸다. 해군기지를 철회하고 구럼비를 되찾는 그날을 그리며 간절한 마음으로 사업단 앞에서 결혼식을 올린 두 사람에게 축시를 낭독했다.

3부

추모

차라리 이 땅에 돌아오지 마시라

- 양용찬 열사 13주기 추모제에 부쳐

먼 길 오는 그대여
벗도 없이 홀로 먼 길 오는 그대여
차라리 이 땅에 돌아오지 마시라
가신 지 열세 해째 아직도 서성대는 그대여
살아도 죽어있는 우리들
차라리 눈감고 돌아서시라
원망도 질책도 지금은 닿지 않으니
결단코 외면하여 돌아서시라

먼 길 떠난 그대여
벗도 없이 홀로 먼 길 떠난 그대여
우리의 진정이 닿거든 다시 돌아서시라
그대 뜻 제대로 이어 뭔가 이룰 때
그리하여 그대 볼 면목 좀 있을 때
청하거든 그대여 당당히 돌아오시라
죽어서 살아오는 그대여
괴춤에 노잣돈 이제 필요 없으리니
다만 벗하여 생명술 한 잔 넙죽 받으시라

2004년 11월 7일, '제주도개발특별법 반대', '제2의 하와이형 개발 반대', '제주도민 주체의 개발'을 외치며 91년 산화해 간 故 양용찬 열사의 13주기 추모제가 개최됐다. 추모사업회 김택진 대표는 추모사에서 "91년 제주도민의 격렬한 주민운동이었던 제주도개발특별법 투쟁도 어느덧 13년의 세월이 흘렀다."라며 "하지만 그 특별법 투쟁의 중심에 있었던 양용찬 열사의 민주화운동 희생자로서의 명예회복은 아직도 받아들여지지 않고 있다."라고 말했다. 추도사에 이어 김경훈 시인의 추모시를 〈노래패 청춘〉의 양성미 씨가 낭독했다. – 〈제주의 소리〉

엽신 葉信

濟州道 北郡 濟州邑 梨湖二區 大同部落 高昞鎬 殿
慶北 金泉邑 平和洞 245番地 高斗正 上書

'일각이 여삼추라 벌써 반년이 지났습니다
부모님 기력은 어떠하온지 집안일들은 어떠하십니까
이 아들은 멀리서 염려하시는 덕분에
몸 건강하오니 걱정하지 마십시오
혹이나 아들 덕하를 잘 인도하여서 가정에
명심하도록 하여 주십시오
또한 보리 수확은 어떠하며
조밭을 밟고 씨를 뿌리는 것은 어떻게 되었는지
알고자 합니다
4282년 7월 9일'

발신인은 6·25가 터지자
인민군에 합류할까 봐
어디론가 끌려가 집단총살당해 암매장되었고
수신인은 소식을 알 수 없어
생일날 제사를 지내며
지방 대신 엽서를 놓는다

덕하는 장성하여 어느새 중늙은이가 되었고
지금은 보리 조 농사를 짓지 않는다

2003년 4월 1일 오전 10시 옛 주정공장 터에서 제주도4·3사건희생자유족회가 주최한 제4회 '제주도 4·3사건 행방불명인 진혼제'에는 4·3 유족 300여 명이 찾아 영령들을 위로했다. 이날 진혼제에서는 제례에 이어 불교의 천도문, 천주교의 추도문, 기독교의 기도문 등 종교의식이 진행됐다. 또한 이성찬 회장의 진혼사, 시인 김경훈 씨의 추모시 낭독, 헌화와 분향으로 4·3 영령들의 넋을 달랬다. – 〈제주일보〉

나의 죽음을 헛되이 하지 마라

- 김선일을 추모하며

"우리는 한국군이 이 땅에서 철군하기를 원한다. 더 이상 이 땅에 군대를 보내지 마라. 그렇지 않으면 이 한국인의 머리를 보낼 것이다. 다른 당신들 군대의 목도 추가로 보낼 것이다."

- 무장단체들은 월요일 일몰 시간까지 24시간의 시한을 제시했다.

- 김선일이 절규했다.

"한국 군인 여러분! 이라크를 떠나세요.
나는 죽고 싶지 않습니다, 살고 싶습니다.
여러분의 생명은 중요합니다.
하지만 내 목숨도 중요합니다."

- 2004년 6월 4일 아침, 김선일은 '자마드 알 타우히드 왈 지하드(일신교와 성전)' 라는 무장단체에게 처참하게 목이 잘려 살해되었다.

"우리는 당신들에게 경고를 했지만 당신들은 이를 거부했다. 이것은 당신들의 손이 저지른 일이다. 당신들의 군대는 이라크인을 위해 온 것이 아니라 저주받을 미국을 기쁘게 하기 위해 왔다."

- 당신은 죽어서 말합니다

"한국은 이라크에서 떠나라!"
"나의 죽음을 헛되이 마라!"

- 우리는 살아서 외칩니다

"한국군은 이라크에 가서는 안 된다!"
"그의 죽음을 헛되이 해서는 안 된다!"

2004년 6월 22일, 이라크에서 희생당한 김선일을 추모하며 지은 시이다.

오늘 벗 하나, 4·3 영령들 곁으로 보내며

무사 불릅디가
무신 경 헐 말이 많읍디가
아직 살아 헐 일이 많은데
아직 끝나지 않은 세월인데

무신 경 골을 말이 하그네
무신 경 외로와그네
젊은 아이 말 벗 허젠 데려갑디가

살아 백년
죽어 천년 아니우꽈

아직 살아 반 백년 아니고
아직 죽어 반 천년 못 채워수다

지가 산 인생
지가 정한 평생
꼭 이만헌 길이로 되돌아올 거라면
무사 그만헌 길이로 살게 허지 안 해수꽈

무신 미련

무신 원망 그리 하그네
오늘은 추운 날
영 언 아이 데려가수꽈

날 봙아수다 몸친 가져가시믄
영이라도 줍서
우리도 아직 골을 말 하우다
우린 아직 헐 일이 남아서마씀
보내주십서
우린 여기 묻으레 온 거 아니우다
살레 와수다

마땅히 데려가야 헐 사람들은 놔두고
무사 일 더 해야 헐 사람을 부릅디가

이것도 영령들의 뜻이라면
더 이상 무슨 말을 골으쿠과마는
원통허고 애절헌 심사 어디다 눅일 수 이시쿠과

어차피 죽은 자의 유산은
산 자들이 떠맡아야 할 몫

이제 눈물을 가리고 앞길로 나가야주마씀
다시 만날 날
머리 긁적이지 않고 당당히 봐야주마씀

2005년 12월 2일, 4·3 영화로 4·3의 진상규명을 위해 동분서주 뛰어다니던 「끝나지 않은 세월」의 김경률 감독이 영면했다. 향년 40년. 불꽃 같던 생을 살았던 김경률 감독은 자신이 태어난 65년 11월 1일(음력)과 같은 날인 12월 2일(음력 11월 1일) 우리 곁을 떠났다. 하관식을 마치고 추모제에서 이 시를 낭독했다.

무혼굿

- 2007년 4·3평화음악제에서 안숙선의 판소리 아니리로

얼굴 여윈 보름달이
동편 하늘에 나지막이 걸릴 때
입던 옷 다 벗어두고 사람 사람마다
철삿줄로 밧줄로 굴비 두릅처럼 엮어지는구나
고기잡이배에 실려 희미한 등불 따라
먼 바다로 흘러가
자기 몫의 돌 하나씩
사람 한 쌍 돌 한 쌍 바다에 던져지는구나

바다에 던져부난 짠물 먹어 목이 캅캅허여 갈제
명천 같은 하늘님아 살려줍서
아바님아 어머님아 우릴 살려줍서
목놓아 불러도 대답이 없구나
내가족 일가방상 불러도 대답이 없구나
영혼영신 수중고혼 되었구나

내가 돌아오면 같이 밥 먹고
못 오걸랑 먼저 먹으라고 한 말이
이 세상 마지막 인사가 되었구나
마지막 가는 길에 아들 한 번 안아주지 못하고
부모형제 생이별할 제

가노란 말도 못 다 이르고 떠나왔구나

한 사람 두 사람 열 사람
스무 사람 백 사람 오백 사람
물속에 빠뜨려질 때
아무도 달려와 구해주지 않는구나
살려고 발버둥 쳐본들 손과 발이 묶여노니
돌과 몸무게로 바닥으로만 가라앉는구나
이 밧줄이 저 돌이 우릴 저승으로 데려가는구나

코로 입으로 쉴 새 없이 짠물 들어와
허파에 배에 가득 차 나갈 데 없으니
눈만 부릅뜬 채 숨이 막혀오는구나
내 눈에 바다가 담겼는지
바다가 내 눈에 들이찼는지
저기 바닷속 풍경이 눈에 가득하구나
물고기 바닷풀 유영하듯
물결 조류 따라 흐르고 흘러
갈 곳이 어디더냐 육신 몸친 흐르고 흘러
일본 땅 대마도까지 흐르고 흘러 흘러
영혼영신 갈 곳 없구나

눈알은 파이고 굶주린 상어 갈치떼
우리 고기 뜯어 먹어 숭악하게 살이 찌고
살빠진 보름달이 서녘 하늘로 이울어갈 때
우리 육신 다 헐어지고 흐르고 흘러 흘러
영혼영신 머물 곳 없구나
살아 고생 죽어서도 고생이로구나
혼나고 넋났구나

오늘날은 설운 자손들 하늘 같은 일월조상님네
초혼 이혼 삼혼 씌워 저승상마을로 지붙여가며
설운 조상님네들 억울한 원정 풀어주십서 하는구나
설운 자손들 멍든 가슴도 풀어나주십서 하는구나

2007년 4월 20일, 제주4·3평화음악제에서 안숙선 명창이 이 시를 판소리로 불렀다.

담 터진 밭에 마소 안들랴

- 다시 양용찬 열사를 생각하며

어떤 사람들은 특별만 쫓다 보니
자치를 잊어버렸다
어떤 사람들은 국제만 쫓다 보니
정작 자유를 잃어버렸다

자유 앞에
자치 앞에
감히 내세울 수 있는 접두사는 없다

자유를 위하여 싸우지 않고
자유를 낼름 삼키려는 놈들이 있다
자치를 위해 싸우지 않고
자치를 꿀꺽 먹으려는 놈들이 있다

개방 좋아 마라
개발 환장 마라

개방이랍시고
쌀도 내주고 몸도 내주고 얼도 내주고
개발한답시고
곶자왈 한라산 생명수 다 팔아먹고

담 터진 밭에 마소 안 들랴
나 씹 주고 나 함박 벌른다

아서라

죽어서도 혼불로 살아있는 사람 있다
칼바람에 불 지피는 산 사람들
여기 있다

2005년 11월 5일, 제주작가회의 김경훈 님께서 양용찬 열사 14주기를 맞아 '추모시'를 만들어 〈제주의 소리〉에 전달해 주었습니다. - 〈제주의 소리〉

너는 언제나 우리들 곁에 살아있다

너, 가노란 말도 할 겨를 없이
그렇게 저세상 가려 하지 않았던 것처럼
우리, 잘 가란 말도 다 못한 채
이렇게 너를 보낼 수 없네

너의 얼굴
너의 외침
너의 그 커다란 웃음소리 너무도 쟁쟁하여
우리, 너를 보낼 수 없네

그러나
죽음은 너에게처럼 그렇게 불현듯 소스라치게 다가오네
이제 받아들여야 한다네
살아남은 자들의 몫은 너를 기억하고 역사의 가슴에 새기는 일

그리고 너가 못다 한 일 마저 다 하는 것
너가 사랑했던 모든 이들과 함께
언젠가 돌아올 너의 빈 자리를 채우기 위해

너는 언제나 우리들 곁에 우리들 가슴속에 살아있네
우리들 황망했고 막막히 뚫린 가슴속마다

너는 그렇게 영원히 살아있네

이 시는 2006년 4월 17일 불의의 사고로 세상을 타계한 민주화운동가 故 오근수 동지와 80~90년대 민주화 운동을 함께했던 김경훈 시인이 17일 추도식에서 낭독한 내용입니다. – 〈제주의 소리〉

골령골 영가 분부사룀

올 금년 해는 갈라 병술년 날은 보난 칠월 팔일 날이옵고
땅은 보난 대전시 산내초등학교 되옵니다
영혼영신님네여
혼백이 있거든, 혼은 날고 백은 흩어지듯
흩어지듯 모이어 우리 눈에 현신하소서

그때 대전형무소에 수감되었던 우리는 끌려나가
골령골 처형장의 이슬이 되었네
토란잎에 이슬같이 이 세상 하직하였네
여기서 죽었노라 안부 하나 전하지 못하고
내 육신은 내 영혼을 놓아버렸다네

그러나 내 혼백은 살아,
이승도 못 가고 저승도 못 가고
그리운 고향으론 더욱 가지 못하고 죽은 자리에 그냥 머물러 있다네

목 메이게 부르는 사랑하는 내가족 내 육친들아
오늘날은 나를 찾아 여기까지 와서 제물 진설하고
우리 위해 마음 다 써주니 정말로 고마웁고 고맙다
이제라도 우리 뼈 찾아 마디마디 맞춰주고 우리가 바라던 세

상 만들어

엄토감장 허여주면 아무런 원이 없이 저승 상마을 곱게 도올라

너희 후손들 보답허여주마 하다못해

혼날 일 병날 일 눈물날 일 한숨날 일 없게 허여주마

마지막 부탁이니 이 원정 꼭 들어다오

분부외다

영혼영신님네랑 나비 나비 나비 몸으로 환생하여

저승 상마을 서천꽃밭에서 고이고이 천수를 누리소서

2006년 7월 8일, 제7차 대전산내학살사건 희생자 위령제에는 대전 지역구 의원인 김원웅, 선병렬 국회의원과 강창일 의원을 비롯해 채의진 한국전쟁전후 민간인피학살자전국유족회 상임대표(문경유족회장)와 각계 사회단체 회원 등 유례없이 많은 지도층 인사들이 참석했다. 이에 앞서 조희열 전통춤보존회가 학살당한 혼들의 넋을 달래는 위무공연을 펼쳤고, 김경훈 제주시인과 신순란 유족회원(시인)이 추모시를 낭독했다. – 〈제주투데이〉

정의의 이름으로 너흴 용서치 않으리라!

생목숨 다섯이나 앗아가고 유족들의 절박한 외침마저 뭉개버리는 인간의 탈을 쓴 야만의 짐승들에게,

나는 횃불의 호흡으로 분명하게 말한다.

"너희들이 저지른 불의를 용서치 않으리라!"

개발이라는 이름으로 없는 이들의 것을 빼앗아 배를 더 불리고 있는 얼굴 가죽 개가죽 같은 놈들에게,

나는 광장의 외침으로 단호하게 말한다.

"너희들이 저지른 불의를 우리가 응징하리라!"

'설총비결'에 '무례무인無禮無義 인도절人道絶하니 가련창생可憐蒼生 자진멸自盡滅이라', '예나 의도 없이 인륜의 도가 다 끊어져 가련한 백성들 저 스스롤 죽이는구나'라고 한 것이 바로 오늘을 두고 이르는 말이니

오늘, 축배를 들며 날뛰는 이들이여,

그러나, 오늘 너희들의 탐욕과 탕진의 웃음이 훗날 오물이 되어 너희 얼굴에 되떨어지리라

백성과 하늘을 거역하는 자에게 이미 저주는 시작되었나니

한 사람의 저주가 다른 한 사람의 가슴에 가서 송곳으로 박히듯,
그 박힌 자리에서 우리들 죽음을 딛고 생명의 물결이 소생하리니
만인의 원망은 만인을 일으켜 정의가 넘쳐나게 하리라
만인에 의한 만인을 위한 그런 세상 이루어지리라

2009년 9월 19일 저녁 7시부터 제주시청 어울림마당에서는 시민 100여 명이 모인 가운데 '용산참사 해결을 위한 제주지역 촛불추모제'가 열렸다. 제주여성농민회 한경례 위원장이 이 시를 낭독했다.

열사여! 강정이여! 생명평화의 고갱이여!

- 강정마을에서 치러지는 양용찬 열사 추모제에 부쳐

여기에 한 젊은이가 있었습니다

다들 제 자신의 삶에 안주하던 시대에
모두의 생명을 위해 기꺼이 제 목숨 불사른
한 젊은이가 있었습니다

여기에 한 마을이 있습니다

다들 제 마을의 일 아니라 외면할 때
모두의 평화를 위해 올곧이 발 벗고 나선
한 마을이 있습니다

우리에게는 우리의 삶이 있습니다
우리가 우리의 삶을 살듯
죽음도 누가 강요할 수 없습니다

우리에게는 우리의 공동체가 있습니다
조상 전래로 지켜온 가치를
누가 파괴하거나 해체할 수 없습니다

개발과 전쟁은 폭력과 죽음의 동의어입니다

탐욕과 탕진의 영혼 없는 도발자들을 겨냥한
생명과 평화를 위한 싸움은 늘 숭고합니다

여기에 한 생명이 있습니다
죽어서도 죽지 않는 사람이 있습니다

여기에 한 평화가 있습니다
죽지 않고 끝내 살아남을 마을이 있습니다

생명을 살리는 평화를 지키는
그리하여 그 모든 죽음의 폭력으로부터 삶을 지키는

사람이 있습니다
마을이 있습니다
생명평화의 위대한 고갱이가 여기에 있습니다

2009년 11월 8일, 강정마을 의례회관에서 거행된 추모제에서 강동균 마을 회장 등과 같이 이 시를 낭독했다.

찔레꽃 당신은

- 노무현 대통령의 서거를 애도하며

화려한 주류의 장미가 아니었네
소박한 꽃 당신은 찔레꽃

비바람 천둥번개 고스란히 견디며
풀뿌리 이웃과 더불어 한 무더기
사람 사는 세상 꽃 피웠네

고상한 상류의 백합이 아니었네
소탈한 꽃 당신은 찔레꽃

돋은 가시는 결코 남 해하는 무기가 아니었네
자신을 향한 각성이었네
그 가시에 스스로 찔려 온몸 연붉게 물들었네

우아한 권위의 목련이 아니었네
소중한 꽃 당신은 찔레꽃

가만히 몸 내려놓은 건 바람에 흔들려서가 아니었네
더 낮은 곳으로 가는 것이었네
못다 한 아픈 이야기 다 들으려는 것이었네

순결한 꽃 당신은 찔레꽃
찔레꽃 당신은

해마다 5월 이맘때쯤
하얀 미소 머금고 고운 눈물 화안히 밝히며
돌아오실 당신은 찔레꽃
사람 사는 세상에 축복처럼 향기로운
당신은 찔레꽃

2010년 5월 23일, 노무현 제주지역 추모위원회(위원장 한림화 외 8명)는 제주시청 어울림마당에서 서거 1주기 추도식을 엄수했다. 4대 종단의 추도사에 이어 한국작가협회의 김경훈 씨가 노 전 대통령을 추모하는 추모시 「찔레꽃 당신」을 낭독했다. - 〈헤드라인 제주〉

서천꽃밭 생명꽃으로 부활하시라

뼈와 뼈끼리 한데 엉겨붙은 채
좁은 구덩이에 못 견디게 웅크려
버려지듯 파묻힌 당신들은 누구십니까

이 제주섬이 이래서는 안 된다고
이 민족이 이리 참담할 수는 없다고
이 처참한 야만의 역사를 끝내야 한다고

왜곡되고 굴절된 역사의 파편처럼
매몰된 진실의 항변은 비행기 굉음에 묻힌 채
60여 년 부릅뜬 눈으로 지켜온 세월

아, 이제 세상의 빛에 온전히 노출된
당신의 좋은 신체 좋은 얼굴 좋은 이름
그 생생한 유전자를 찾아 세포 하나하나 되살리려니

이제 고이 일어서시라
참담한 역사의 참혹한 야만을 딛고
이제 서천꽃밭 생명꽃으로 부디 부활하시라

2011년 3월 30일, 제주4·3연구소 주관으로 문예회관에서 열린 '4·3증언 본풀이 마당'. '통곡의 세월-62년 만의 재회'라는 이름을 단 이날 본풀이 마당에는 2008년부터 2009년까지 이뤄진 제주국제공항 2단계 유해발굴을 통해 신원이 확인된 48구의 유가족 중 4·3을 또렷이 기억하고 있는 3명이 증언자로 나섰다. 이날 증언마당에서는 제주 민중가수 최상돈 씨가 4·3노래를 부르고 김경훈 시인이 '서천꽃밭 생명꽃으로 부활하시라', 허영선 시인이 '돌아오지 않는 자를 위한 노래'를 낭송했다. - 〈한라일보〉

공철이 형

"경훈아, 술 하영 먹지 말고
담배도 하영 펍지 말고
밥 잘 먹곡, 잘 살암시라."

귀양풀이에서
이정자 심방이 전한 공철이 형의 말이다
마음 미어져 줄줄 눈물만 넘쳐났다

마지막 원미*를 드릴 때
목이 아파 먹도 못하고 야위던 모습 생각나
꺽꺽 마음이 목에 걸려 쉿소리 났다

"씨발놈아, 이 술 먹엉 가라
이 담배도 펍곡,
마지막 이 밥, 하영 먹엉 잘 가라."

* 원미: 쌀을 굵게 갈아 쑨 죽. 제주 굿에서 조상이나 망자에게 드리는 음식.

2013년 6월 13일, 정공철 형이 타계했다. 영결식을 마치고 귀양풀이를 하는데 눈물이 그치지 않았다. 술 퍼마시고 다음날 이 시를 썼다.

통일의 한길로

- 故 고성화 선생의 영전에 바침

지난 2007년 10월,
전국 형무소 4·3 순례에 동행했을 때
서대문형무소 터에서 선생은 우리에게 말했다

"지나간 역사를 되돌아보는 것 자체가 아픈 일인데,
그것도 이름마저 확실히 정립되지 않은 역사니
더욱 답답한 노릇이다."

'분명히 말하자
4·3은 자존이다
통일이다
불의의 세력에 맞선
정정당당한 항쟁이다
그것이다'

2013년 7월 16일,
선생은 '통일의 한길에서' 마지막 걸음을 놓으셨다
큰 별 하나 하늘에 새로이 새겨졌다

"허물어진 파쇼의 터 위에 동무의 이름을 영원히 새겨 놓으리라
위대한 사업을 위하여 쓰러진 자는 죽은 것이 아니다

대중의 행복을 위하여 넘어진 자는 영원히 대중의 가슴속에 살리라”

‘내 가슴에 각인된
분명한 원칙과 뜨거운 정열
고요한 아침에 이슬이 지듯
그렇게 가셨어도
우리는 기억하리라
선생의 이름과 걸어온 길을’

한평생 통일의 한길을 걸어오다 지난 17일 세상을 떠난 故 고성화 선생이 2013년 3월 19일 고향인 제주 우도에 영면했다. 향년 96세. 18일 밤 9시 제주부민장례식장에서 진행된 영결식을 겸한 추도식에서 소주 한 병을 마시고 이 시를 낭독했다.

너희는 우리 앞에 살아서 오고 있구나

- 효순이 · 미선이 11주기 추모제에 부쳐

효순아 미선아
이제 11년이란 세월이 흘렀구나

하늘 그 먼 나라에서 지켜봐서 알겠지만
그새 참 많은 일들이 있었단다

그새 너희가 일으킨 촛불이
수없이 타올랐다가 꺼지는 동안
또한 수많은 아픈 죽음들이 너희 곁으로 갔단다

너희를 짓이긴 그 육중한 괴물장갑차들이 여전히
백주대로를 부끄럼 모른 체 활보하고
뻔뻔하고 비열하고 천박한 인종들이
사욕으로 나라를 헤집고 있단다

미선아 효순아
그러나 한숨과 냉소로
모른 체 방관할 수만은 없지 않으냐
그 속에서 괴물은 더욱 몸집을 불리지 않더냐

고운 꿈 성한 몸으로 너희가 편히 쉴 수 있게

땅 위의 온갖 더러운 이물질들을
이제는 깨끗이 도려내야 되지 않겠느냐

그래야 너희들 살아 숨 쉬는 심장
그 꺼지지 않는 횃불로
겨레의 가슴에 다시 살아오지 않겠느냐

그렇지 않으냐 효순아 미선아
미선아 효순아
해방된 통일조국의 어여쁜 청춘들아

2013년 6월 13일 오전 11시, 두 소녀가 목숨을 잃은 바로 그곳, 양주시 효촌리 56번 도로가에서 11주기 추모제가 열렸습니다. 제주 김경훈 시인이 쓴 추모시를 인천 강헌구 회원이 낭독하였고, 소녀들의 넋을 위로하는 춤 공연도 이어졌습니다. 참가자들은 종이 나비를 손에 쥐고 있다가 시민추모비 '소녀의 꿈'과 효순 미선의 영정에 헌화하며 나비를 같이 달아주었습니다. – 〈평화와 통일을 여는 사람들〉

삼면원혼三面冤魂의 한恨을 풀다

눈물로 적신 모진 세상 지나고
한숨만 흘린 험한 세월 지나서
이제 좀 패와지나 싶더니
이제 좀 살만 하나 싶더니

너른 마당 번개 치듯
좁은 마당 벼락 치듯
불현듯 무지악마無知惡魔한 총칼에 붙잡혀가니

조부님!
아버님!
삼촌님!
형님!

마지막 가는 길 잘 있으란 말 뒤로는
아침에 부른 좋은 이름 저녁에 못 부르고
오늘 본 고운 얼굴 내일 다시 못 보았네

저 구름은 또 무슨 흉사를 가져오고
저 바람은 또 무슨 흉험을 가져올지
이제나 저제나 숨죽이고 마음 졸인

육십 년 찬 세월이 속절없이 흘렀지만

오늘은 반백半白의 유족들이
비로소 사필귀정事必歸正의 역사를 닦고
억울한 원정 맺힌 원한 풀어
고운 이름 좋은 얼굴 목 놓아 다시 부르네

2013년 7월 22일, '제63주기 삼면원혼 합동위령제'가 오전 9시 서귀포시 하원동 삼면원혼 위령제단에서 열렸다. 삼면유족회(회장 고창남)가 주관한 이날 위령제는 김영훈 제주4·3평화재단 이사장과 김재봉 서귀포시장 등 주요 인사와 유족 등 250여 명이 참석한 가운데 봉행됐다. 여기서 이 시를 낭독했다.

섯알오름 길

트럭에 실려 가는 길
살아 다시 못 오네

살붙이 피붙이 뼈붙이 고향마을은
돌아보면 볼수록 더 멀어지고

죽어 멸치젓 담듯 담가져
살아 다시 못 가네

이정표 되어 길 따라 흩어진 고무신들
전설처럼 사연死緣 전하네

오늘은 칠석날
갈라진 반도 물 막은 섬 귀퉁이 섯알오름

하늘과 땅, 저승과 이승 다리 놓아
미리내 길 위로 산 자 죽은 자 만나네

녹은 살 식은 피 흩어진 뼈
온전히 새 숨결로 살아 다시 만나네

2008년 8월 7일, 섯알오름 예비검속희생자영령 추모비 제막식 및 58주기 제1회 합동위령제가 대정읍 상모리 섯알오름 학살터에서 봉행되었다. 여기서 이 시를 낭독한 후 올해까지 계속 낭독을 이어오고 있다.

4부

분노

제주특별자치도 1

- 공청회

자고로, 공청회公聽會라 함은 '중요 안건에 대해 일반 국민에게 공개 석상에서 의견을 듣는 제도' 라고 했거늘, 제주도민의 입장을 막고 대신 동원된 공무원 경찰이 좌석 선점하였으니 이는 뭐 얻어먹을 거 없는 빌 공자 공청회空聽會렷다

이건 아니다, 집어치워라 아예 작정을 했구나 아예 말아먹으려고 작정을 했구나 신자유주의의 실험 모델, 자본은 서서히 제주도를 향해 진군해 오고 있는가 아니, 이미 와 있어 이 모든 걸 웃으며 조종하고 있는가

그날, 공청회에 입장하지 못한 제주도민 중의 한 사람인 우리 놀이패 한라산의 배우 윤미란은 터지는 울분을 참을 수 없어 제주지방의 일간지에 다음과 같은 글을 기고했다

> 덧붙임, 자존도 없고 사명감도 없는 제주도청 공무원들은 공직을 사퇴하고 일반 도민으로 남으십시오. 그날 현장에 계셨던 공무원들에게 제발 부탁합니다. 다음부터는 공무를 집행할 때 껌 좀 씹지 마십시오. 그리고 깡패처럼 다리 흔들지 마십시오. 부끄럽습니다. 제발 우리도 자긍심 좀 가지고 살게 해주십시오.

2005년 11월, 제주특별자치도 추진 관련 공청회 현장에 갔다가 공무원들의 작태에 분노하며 휘갈겨 썼다.

관당 50원

감귤 800관을 선과해서 공판장에 올려 보냈더니
관당 50원에 내려왔다 1관이 3.75kg이니
1kg에 약 13원 꼴이고 800관은 3,000kg
감귤 3톤의 농가 수취가격이 40,000원이다
1톤 포터에 가득 실으면 500관을 실을 수 있는데
차 1대 분량의 가격이 25,000원이라는 얘기다
15kg 박스 1개에 대략 4관이 들어가는데
1박스에 200원이니 이건 그야말로 껌 1통 값이다
한때는 관당 5,000원을 호가할 때도 있었다
그때는 감귤나무가 대학나무로 불릴 때였다
관당 500원이라도 요즘은 제법 값을 잘 받은 경우인데
서울 공판장에서 쓰레기 치울 값을 되려 올려 보내라는
그런 경우보다는 낫다고 겨우 자위할 것인가
주스 가공용으로 나가는 비상품 파치가 1kg에 80원이고
감귤 가격 지지를 위해 수매하는 1번과 9번과가 100원씩인데
선별에 선과를 거듭한 상품 감귤이 1kg에 13원이다 13원!
폭락한 감귤시세를 비관해서 자살을 기도하는 사건이 생기고
농협 빚만 눈덩이처럼 불어나
전부 엎어버리겠다고 이를 가는 농가들의 분노를 뒤로 하고
오늘도 나는 트럭에 한 차 가득 감귤을 싣고 선과장으로 간다
내리 4년째 폭락한 미깡값 때문에

이건 미깡이 아니라 애깡이라며
감귤이 망하면 결국 제주도도 함께 망할 거라
선과장에는 작목반원들의 한숨 소리가 가득하고
똥값이 되든 개값이 되든 무조건 올려 보내야지
별 수가 있냐고 사람들은 묵묵히 일을 하지만
선과기는 쉴 틈 없이 돌아가며 자동으로 관당 50원짜리
감귤을 씻고 말리고 왁스칠하고 무게 재고 포장하고 묶고 있었다

2003년 2월 5일, 보내신 「관당 50원」 잘 받아 읽었습니다. 감귤만이 아니라 모든 농사가 아마 이처럼 될 것이라는 예감이 듭니다. 「관당 50원」…. 이것은 우리 농민들 연봉의 눈금입니다. – 고정국 시인

새봄에 겨울 드니

- 대한민국 국회의 3·12 폭거를 보며

어허
넋이 나갔구나
내 나라
혼이 나갔구나

너,
무에 그리 대단해서
꽃모가지
이리도 모질게 밟았더냐

혹한의 살얼음
뚫고
겨우 피어난
가시밭길 헤치며 허위허위 돋은
싹

너희,
무슨 자격 있어
꽃뿌리까지 이리 잔인하게도
말리려 드느냐

나,
오는 봄의 가운데
관음사 올라
복수초 본다

넋 나가 기막힌
혼 나가 얼빠진
겨울을 본다

우리,
봄의 복수를 본다

2004년 3월 19일. 〈제주의 소리〉, 노무현 대통령 탄핵 규탄 릴레이 시 연재 중에서.

제주특별자치도 2

- 선별과 선택

선택된 사람에 의한 선별된 사람만을 위한
선별된 사람에 의한 선택된 사람만을 위한

너희의 선별이 시작되었구나
너희의 선택이 시작되었구나

0번에서 1번, 작다고 앗아버리고
9번에서 10번, 크다고 제껴버리고
2번에서 8번까지 중에서

못생겼다고 덜 익었다고 흠집 있다고 모가 났다고
소외되고 선외되고 제외되고 이른바
파치들

빼고

남은 것들 중에서도
선별에 선택을 거듭 거듭한
오, 순수 알짜배기여
선망이여 희망이여 오, 위대한 정수精髓의 핵심이여
이제 비로소 열리는 길몽의 현실이여

그러나

지금은 너희가 스스로 선택하고 선별할지라도
내일은 너희가 선택되리라
내일은 너희가 선별되리라

너희 스스로의 회개의 방식조차 선택될 수 없게
너희 스스로의 죽음의 방법조차도 선별될 수 없게

2005년 11월, '선별' 되고 '선택' 된 인간만을 위하는 '제주특별자치도' 에 대해 썼다.

제주특별자치도 3

-김남주에 이어

김남주 시인은 그의 '각주' 라는 시에서 이렇게 말했다

'그러나 헤겔도 마르크스도 다음과 같이 각주 붙이는 것을 잊어 버렸다,
식민지 사회에서는 단 한 사람도 자유롭지 못하다고'

그러나 김남주는 제주도에 대해서는 말하지 않았다
제주사회에서는 특별히 국제적이지 않으면 어느 한 사람도 살아남지 못한다고

2005년 11월, '국제자살도시國際自殺都市' 가 되기 위한 '제주국제자유도시', '제주특별타치도濟州特別他治道' 가 되려는 '제주특별자유도' 를 비판하며 썼다.

제주특별자치도 4

-비는 내리고

비는 내리고
제주민속관광타운 공청회장 밖에 비는 내리고
입장을 위한 몸싸움의 더운 입김에도 비는 내리고
입장을 막는 완력의 근육에도 비는 내리고
비는 내리고 실신한 임산부의 절규에도 비는 내리고
입장 못한 시민들의 타는 가슴에도 비는 내리고
동원된 공무원 경찰 벌겋게 충혈된 눈에도 비는 내리고
비는 내리고 흙먼지 아스팔트 위에도 비는 내리고
마늘밭 감귤밭 탈곡 끝난 콩밭 위에도 비는 내리고
비에 젖은 돌하르방 웃는 얼굴 위로도 비는 내리고
비는 내리고 때로는 무기가 되기도 하는 호미와 낫에도 비는 내리고
가진 자의 식탐에도 비는 내리고
없는 자 가난한 식탁에도 비는 내리고
비는 내리고 저주의 비는 내리고 망할 놈의 비는 내리고
비는 내리고 제주 섬 구석구석에 비는 내리고

공청회장 안에도 비는 내리고
졸음 겨운 방청객들의 눈꺼풀에도 비는 내리고
비는 내리고

2005년 11월 11일, '제주특별자치도 설치 및 국제자유도시 조성을 위한 특별법(안)' 제주공청회에서 공권력으로 시민들의 참여를 막고 나선 제주도를 보면서 벌써 제주특별자치도의 불안한 미래를 보는 듯하다. – 김효철 〈곶자왈 사람들〉 사무처장

제주특별자치도 5

- 민주주의는

위에서의 실험이
아니라

기만의 열매가
아니라

아래로부터의
장엄

그 거대한
결실

피가 모자라다
아직도 고프다

2005년 11월, 유린되는 민주주의에 대한 안타까움으로 이 시를 썼다.

촉화燭火

비열하고, 오만하고, 치졸하고, 야비하고, 천박하고, 무능한
쓸데없이 화만 키우는
독선과 아집과 불통
간직할 그 무엇이 그리 많은지 배불러 남산만 한 성벽
완벽한 차단
그들의 축제에 초대받지 못한
그들 눈 밖에 버려진, 버려져야 할 사람들이 밤새 켜놓는
화살촉의
불
곧 날개를 달,

2008년 5월, 광우병 파동 때 쓴 시이다.

차악도 악이다

- 해군기지반대 집회에 부쳐

분노하지 않는 우리는 언제나 억압을 떨쳐버릴 수 없다
분노하지 않는 정의는 결코 민중을 향한 사랑일 수 없다*

그렇다
만일 당신이 이 세상 그 어느 곳에서든
불의가 저질러질 때마다 분노에 떨 수 있다면
우리는 동지이다**

그렇다
옳은 일을 옳다고 하는 것
옳지 않은 일은 옳게 만들어 나가는 것
그것이 의義다

그렇다
최악만이 아니라 차악도 악이다
우리가 그나마 차악이라고 선택한 것이
옳지 않은 길을 옳다고 우격다짐으로 나간다면
그것은 분명코 악으로 응징해야 한다

(좀 더 구체적으로 말하자 지난 지방선거에서 차악으로 선택한 후보가 멀치도 생선이라고 최악을 능가하는 비열한 작태를

보이고 있어 나는 문득 깨닫는다 그렇다 악은 최악이나 차악이나 모두 다 악이다)

그렇다
아닌 건 아닌 것이다
평화의 섬엔 평화만이 있어야 하리니
해군기지 공군기지 그 모든 쇳조각 쇳소리들은
제 실체를 거둬가 스스로 파묻는 게 역사의 순리다

위대한 승리의 길에는 열정이 필요하리
동기 없이도 타오를 수 있는 순수 절정의 불꽃
주어진 분노 앞에선 활화산처럼 어깨 걸고 폭발하리라

분노하지 않는 개인은 언제나 고립을 벗어날 수 없고
분노하지 않는 민중은 야수 같은 적에게 결코 승리할 수 없나니***

*, **, *** : 체 게바라 어록 중에서.

2007년 1월, 공직선거법 위반 혐의로 기소돼 결심공판에서 징역 1년형을 구형받았던 김태환 지사에게 당선무효형인 벌금 6백만 원이 선고됐다. 그는 이후 자신의 정치생명과 강정해군기지를 바꿨다. 이에 분노하면서 쓴 시이다. 2007년 5월 22일, 〈제주도군사기지반대범도민대책위〉 주최로 제주시청 일대에서 열린 촛불문화제에서 이 시를 낭독했다.

좋네요!

"좋네요!"
김정일 국방위원장의 대답이다.

그러니까
온 나라가 광우병으로 떠들썩하던
5월 어느 날 밤의 꿈에서였다.

"제주와 평양과 재일在日을 잇는 삼각 예술교류를 합시다!"
술잔 마주 들고 내가 던진 말이다.

"좋네요!"
다음날, 일국의 대통령이라는 자가 한 말이다.

"값싸고 질 좋은 미국산 쇠고기 우리 국민들이 많이 먹으면!"
그러니까
소 거품 물며
어린아이 달래듯이

그래 그래
니 말이 좋네요, 씨팔!

2008년 5월, 광우병 파동 때 쓴 시이다.

민주는 불이익이 아니다

- 주민소환 투표과정을 보면서

그런가
정말 그런가

투표는 불이익인가
민주는 용도 폐기되었는가

이것이 민주주의인가
가장 기본적 참정권인 투표를 하는 것이 죄인가
투표장에 가서 한 표 행사하는 것이 쭈뼛쭈뼛
골목마다 거리마다 숨어있는 감시의 눈초리 앞에서
죄진 자처럼 이리저리 눈치를 살펴야 하는가

왜 이렇게 민주가 당당하지 못하고
거리낌 없이 표출되지 못하고
죄인처럼 빚쟁이처럼 숨어야 하는가
왜 투표한 사실이 알려져 불이익을 당해야 하는가

가장 기본적인 형식적 민주주의인 투표의 권리행사마저
해선 안 되는 도둑질처럼 마음 옥죄게 만드는가

최루탄 지랄탄 백골단 그 독재의 광포한 억압을 뚫고

우리가 거둔 것이 이따위인가

아, 민주의 유린
아, 민주의 도륙
아, 민주의 합법 가장한 침탈

누가 민주를 말하는가
누가 감히 민주주의를 말하는가
누가 어찌 감히 민주의 공동체를 말하는가

여기, 분노가 있나니
그 내재적 침잠이 외부적 폭발을 준비하고 있나니

민주의 장례식장에서 웃는 이들이여
투표를 분리수거한 차량 위에서 건배하는 이들이여
그 웃음의 술잔 속에 이미 마지막 울음을 예비하리니

불이익을 기쁘게 감수하는 자들의
그 애처롭게 당당한 눈물이 결국 꽃을 피우리니

시든 것이 아니라 죽은 것이 아니라

세차게 똬리 풀고 시퍼렇게 비상하고 있나니

그러니, 감히 순수한 그 이름 민주에게
더러운 누명을 덧씌우지 말라

분명히 말하자
정확히 말하자

투표는 불이익이 아니다
민주는 용도폐기된 필요악이 아니다
불이익을 말한다면
그건 반민주다
그건 민주의 적이다

2009년 8월 28일, '김태환지사 주민소환본부'는 "구체적인 사례를 보더라도 각 마을 이장 등은 투표소 앞에서 주민권리를 행사하기 위해 투표장을 찾은 마을 주민들을 돌려보내고 마을 내에 버젓이 '투표하지 맙시다'란 홍보문구를 부착해 선관위가 확인을 한 마을도 있다."라고 말했다. 너무나 노골적이고 전방위적인 투표방해 행위에 분노가 치밀어 이 시를 써서 〈제주의 소리〉에 발표했다.

일개 도민으로 오시라

- 김태환 주민소환 대상자에게

비 오는 날 우산 쓰고 혼자 택시 타고 떠난 사람
돌아올 때도 그렇게 오시라

아니 오시기 전에
정실 마을 위 조용하고 한적한 거처 있으니
거기부터 들르시어 심란한 머리 식히시고 천천히 오시라
그런 연후에 말소된 주민등록 청구하러 민원실로 오시라

주민이 무엇인지
그걸 먼저 알고 오시라

개인의 영달을 위해
제주도를 팔지 마시라

깝죽대며 섬을 흔들지 마시라
그냥 제주도를 가만히 놔두시라
해군기지다 케이블카다 영리병원이다 헛소리 마시고
개발이라는 이름의 파괴를 남용하지 마시고
보전의 이름으로 입 다무시라

비 오는 날 우산 쓰고 혼자 택시 타고 떠난 사람

택시 타고 우산 쓰고 민원인으로 오시라
한 분의 제주도민으로서 조용히 자신의 제사나 지내시라

2009년 8월 26일, 주민소환당한 지사에게 주는 시다. 〈제주작가회의〉 카페에 올렸다.

다랑쉬굴과 강정

20년 전,
다랑쉬굴에서 4·3유해가 발견되었을 때,
당시 도지사는,
뼈 하나만이라도 주면 양지바른 곳에 고이 안장하겠다는,
유족들의 바람을 외면한 채,
화장해서 바다에 뿌려버렸다
정보기관의 압력이 있었다고 한다

오늘,
제주의 자존이 휴지처럼 구겨져 바람에 뒹구는데도,
현 도지사는,
해군기지 공사중단을 요구하는 강정주민들의 염원을 못 들은 척,
시간만 질질 흘리고 있다
정부 당국의 압력이 있다고 한다

역사에 남을 결단을 내리지 못한다면,
오늘, 다랑쉬굴을 바라보면서 아무도 도지사를 기억하지 못하는 것처럼,
내일, 강정을 바라보면서 어느 누구도 도지사를 추앙하지 않을 것이다

다만, 제주도지濟州道誌 어느 구석쯤 '우근민' 편에
다랑쉬와 강정의 미욱한 도지사가 같은 인물이라고 적혀 있을 뿐이다

2011년 1월, 강정마을회가 제주도청 앞 천막 농성할 때 낭독했다.

양윤모를 구속하라!

그러면 당연히 단식을 다시 할 것이다
해군기지가 백지화되지 않는 한
지난 번 71일의 목숨 건 단식은 아무것도 아니다
이번에는 살아서 나가지 않을 것이다

생사람 하나 죽이고
교도소에서 송장 하나 치우고 싶거든
의당 법의 원칙으로 더 이상 관용을 베풀지 마라
교도소를 응당 그의 무덤으로 하라

스스로를 던져 상식의 회복을 외치는
저 처연한 절규를 구속하라
몸 하나 과감히 버리고 정의를 실현하려는
저 의로운 분노를 구속하라
온갖 불법과 탈법의 해군기지에 맞서는
저 살아있는 양심을 구속하라

그러면 수많은 그의 아바타들이
하늘나라 군대를 향해 쿠르트막토를 타고 돌진할 것이다
신념의 화신들이 구럼비 바위를 일으켜 세워
삼발이와 케이슨을 초토화시킬 것이다

결국 해군기지는 범섬 너머 물 건너 갈 것이다

그러니
그를 구속하라
속히 양윤모를 구속하라
저 몸빵 몸투쟁 저 예견된 죽음을 구속하라
저 몰입의 몰아, 저 이름조차 거두려는 몰명沒名을 구속하라

이 시는 제주해군기지 반대투쟁을 하다 세 번째 구속된 양윤모 영화평론가에 대한 구속적부심 심사가 2012년 2월 8일 열림에 따라 오상구 시인이 보내온 시입니다. – 〈헤드라인 제주〉. '오상구'는 김경훈 시인의 필명이다. '5사상9방'에서 따왔다.

현상과 본질

현길언,
그 현상의 본질은
아무런
의미와 가치가
없다는 것이다
그러니
내버려두어라
망령든 노인네
제 이름
똥칠하며
김지하,
그 닮은 벗들과
오래오래
저 혼자 고독의
십자가에 못 박혀
야위어 죽게

『제주작가』 2013년 여름호. 제주 출신 작가의 급격한 우경화, 그 노추老醜한 작태를 보며 쓴 시이다.

법은 가진 자의 이익이다,
그러나 정의가 그들을 심판할 것이다

예나 제나 법은 가진 자의 편이다
법의 여신이 재는 것은 진실의 형평이 아니라
가진 자의 이익으로 눈금을 미리 매긴다

보라
오늘 강정의 모든 판결을!

소로우가 말했다
"사람 하나라도 부당하게 가두는 정부 밑에서 의로운 사람이 진정 있을 곳은 역시 감옥이다."
"노예의 나라에서 자유인이 명예롭게 기거할 수 있는 유일한 집이 감옥인 것이다."

그렇다
옥중 동지들이여!

그대들은 우리 내부의 양심이 외화된 살아있는 의인들이다
이 시대를 사는 의미와 가치를 관통하는 정의의 사도들이다
그대들을 가둔 이 온갖 거짓과 불의를 뚫고
그대들은 정의의 심판으로 당당히 자유의 희망을 피울 것이다

2013년 9월 13일, 양윤모 구속 200일을 맞은 날, 제주교도소 앞 촛불문화제에서 이 시를 낭독했다.

사람이 악령에게 먹혔지만

사람이 돼지를 끌고 가는데 벼랑 끝에서
삐끗, 발을 헛디딘 돼지가 갑자기 허공으로 날며
거대한 악령으로 변하더니 꿀꺽, 사람을 집어삼켜 버렸다

대선 하루 전날의 꿈이었다

무엇이 검은 악령을 불렀는가
그것은 그들만의 추잡한 세습을 위하여
온갖 쓰레기더미를 덧칠한
바로 국가라는 이름의 탐욕의 갈퀴질이었다

그렇게 탄생한 것이
저 이리의 표정이 그들의 피부인
저 승냥이의 음모가 그들의 심장인
저 하이에나의 탐욕이 그들의 생존인
바로 저 짐승의 정당,
바로 저 정부다

다시 꿈 얘기로 돌아가자

꿈에선, 사람이 어이없이 먹혔지만

그 악령의 산돼지도 분명히 허공으로 추락했다는 것이다
지금은, 마냥 짐승들이 설쳐대지만
더욱 분명한 것은 짐승의 시절도 이제 내려진다는 것이다

땅에 떨어져 박살난 악령의 사체,
그 아가리를 벌리고 마침내 사람이 뚜벅뚜벅 걸어올 것이다

2013년 8월 14일, 전국적으로 이어지고 있는 국정원 규탄 촛불집회가 제주에서도 불을 밝혔다. 20여 개의 시민사회단체와 시민들로 구성된 〈국정원 대선개입 규탄 및 민주주의 수호를 위한 제주시국회의〉가 주최하는 제2차 제주 시국대회가 24일 오후 7시 30분 제주시청 어울림마당에서 열렸다. 이날 이 시를 낭독했다.

'정부 아님'을 위하여

요즘 강정의 구속자들,
다른 말로는, 평화수감자들이라고도 하는데,
이들의 범죄 혐의를 보면,
기가 막혀 지나던 개도 비웃을 것인데,

이를테면,
공사 감시를 위해 카약을 타고 바다에 나갔던 이들에게는 업무방해죄,
때린 증거는 없지만 정황상 인정된다며 폭행치상죄로 법정구속하고,
칠십대 노인의 보석 기각 사유는 '관계자에게 위해를 가할 우려 있음' 이라,
또 더욱, 지나던 강아지도 기가 막히는 것은,
여성경찰들에게 길 비키라 했다고 성추행 혐의로 사후구속영장 청구란다

요즘 나는,
법이 왜 필요하고, 경찰이나 검찰이 왜 있어야 하는지를,
그리하여 도대체가 왜 정부나 국가가 있어야만 하는지를,
고민하고 또 고민하다가 이윽고 결론에 도달했는데,

이를테면,

존재의 이유를 스스로 상실한 것들은 저 스스로 소멸하지는 않겠으니,

개만도, 아니 강아지만도 못한 것들을 질끈 동여맬 오랏줄이 필요할 터,

그것은 무질서의 혼돈이 아니라 자유를 향한 열망의 결집일러니,

자유의지적 생명평화의 무정부를 실현하기 위하여,

나는 오늘부터 이 국가의 국민이 아니라 선언하는 것이다

2013년 11월 20일, 강정 마을 〈구럼비야 사랑해〉 카페와 페이스북에 이 시를 올렸다.

국보룸싸롱

이 나라의 내로라하는 국보급 인사 다섯 놈이
국보룸싸롱에 속속들이 모여들었다.
국보급으로 몸매 잘빠지고 얼굴 예쁘장한 계집을
하나씩 차고앉아 대작하며 심각하게 국사를 의논하였다.
국보급으로 치장된 은은한 실내에서는
국보급 음악이 은근하게 흘러나오고 있었다.
한 계집의 국보급 음모를 점잖게 쓰다듬던
첫째 놈이 말했다.
"성매매금지법은 도덕적 가치를 제고하기 위해
인간의 성욕을 막고 인권을 침해하는 좌파적 정책이다.
자고로 어느 사회고 간에 찌꺼기를 버릴
하수구가 필요한 법이야.
사정하지 않으면 폭발하게 되어 있어.
그걸 고무줄로 묶어버린다고 해결이 되냐?"
털이 뽑힌 계집이 말했다
"아야야, 성욕도 처벌해요?
그럼 우린 뭐 먹고살아요?"
두 번째 놈이 말했다.
옆자리에 찰싹 달라붙은 계집의
국보급 각선미를 흘겨보며 말했다.
"권불십년 화무십일홍이라지만 우리는 해방 이후

아니 일제시대부터 우리 식대로 잘 살아왔어.
옛날의 반민특위나 요즘의
친일청산법이 날뛰지만 그때뿐이야. 친일청산법?
그럼 또 조금 있다가는 친미청산법 만들 거야?
미친놈들! 조질 놈 제대로 잘 조지고
처신만 잘하면 우리는 천세 만세야.
자 힘들 내라고. 친일청산법 폐지하라!"
다리에 벌레 기어가는 듯 움츠리던 계집이 말했다.
"아이, 내 다리는요. 정말로 국보급이에요.
일본과 미국에 다 특허 보험을 들었다니까요.
보는 데 만 엔, 만지는 데는 백 달러 주셔야 해요.
과거보다는 좀 비싸요."
세 번째 놈이 백 달러짜리 지폐를
계집의 입속에 쑤셔 박으며 말했다.
"야, 이년아 함부로 과거를 말하지 마라.
뭐, 과거사정리법? 권위주의 통치 시기의
반민주적 인권탄압 행위를 조사하고 처벌한다고?
흥! 그러면 민주화를 가장한
친북 이적활동도 조사하라고 그래!"
국보급 엉덩이를 뇌쇄적으로 휘두르며 한 계집이 말했다.
"저의 과거가 어떻다고 그러세요?

제발 저의 과거는 묻지 말아주세요!"
계집의 요염한 엉덩이 율동을
넋을 잃고 쳐다보던 놈이 말했다.
"우린 강남 특구 선택된 상류층들이야.
감히 거지 같은 놈들과 비교될 수 있어?
행정수도이전특별법?
사학관련법? 흥! 촌놈의 상것들 같으니라고.
우린 우리의 부와 명예와 권력을 대대로 이어야 해!
명문이 명문을 낳는 법이야!"
세 번째 놈이 마이크를 잡고 노래를 불러대며
거추장스럽다는 듯이 옷들을 모두 벗어 던졌다.
"우리의 서울 우리의 서울 거리마다 푸른 꿈이
넘쳐흐르는 아름다운 서울을 사랑하리라
아아 우리의 서울…."
국보급 옥문을 가진 년이
세 번째 놈의 물건을 가리키며 말했다.
"어머 어머, 이 거시기가 정말 명문에 명품이네요.
미제예요? 일제예요? 난 이런 명품이 좋드라.
국산은 아무리 해봐도 일제나 미제에
반도 못 따라오는 거 같아요."
넷째 놈이 말했다.

"에라 이 씨발년아, 물건만 외제냐?
머리에 든 게 다 미제고 일제지.
우린 겉만 한국이지 속은 다 외제야.
유사시 미국으로 튈 준비를 우린 이미 다 끝냈어.
그건 그렇고. 머리 얘기가 나왔으니까 말인데,
하류 놈들 머릿속에 자기검열,
쓸데없는 공포와 두려움을
무조건 집어넣고 그 속에서
계속 확대 재생산되게 만들어야 해.
그래야 소위 지식인이라는 놈들이 설쳐대지 못하지.
언론관계법은 이걸 명확하게 법조문화해야 돼!
약간의 떡고물을 흘리면서
우리 편이 되지 못해 안달 나게 하는 거야."
국보급 입술을 반짝이며 한 년이 말했다.
"어머머, 궤변詭辯이 달변達辯이니까,
숙변宿便도 쾌변快便이겠어요!"
다섯째 놈이 말했다.
"이년아 지금 뭔 흰소리 하는 거냐?
네년이 단매에 맞아죽고 싶어 환장을 한 것이냐?
그건 그렇고, 당근뿐만 아니라 채찍도 필요해.
이번 기회에 이라크 파병법을 개정해서

이런 썩을 놈들을 이라크에
노무자로 강제징용 보내는 거야.
말 안 듣는 년들은 종군 위안부로 보내고 말야."
"어머머, 위안부요? 이승연인지 저승년인지 울다 가겠어요.
그런데요, 거기 가면 화대는 얼마나 받을 수 있나요?"
첫째 놈이 갑자기 정색하며 계집을 껴안으며 말했다.
"네년들은 안 보내. 왜 네년 같은
남 주기 아까운 년들을 거기에 보내겠냐?
성매매금지 운운하는 단체의
미친 걸레 같은 년들이나 보내야지."
다섯째 놈이 인상을 찌푸리며 말했다.
"현 정권이 추진하고 있는 소위
개혁법안들은 국가안보시스템을 해체하고
사유재산권을 위협하는 형태로 진행되는 등
대한민국의 정체성을 부정하는 방향으로 가고 있어.
이제는 자유수호를 위한 적극적
국민행동이 필요할 때란 말이야!"
다섯째 놈에게 안긴 계집년이
국보급 신음소리를 내며 말했다.
"그러게요. 요즘은 개나 소나 다
개혁이라고 나대는 세상 아닌가요?

쇠오줌이나 말똥도 다 개혁을 말하는데
개혁이 어떤 똥개 이름이에요?”
두 번째 놈이 주먹으로
술상을 버럭 내려치며 말했다.
“요즘의 4대 악법은 기본적으로
우리의 숨통을 조이려는 수작에 불과해.
여기서 밀리면 우리도 힘들어지는 거야.
이겨내야 해! 우선은 국가보안법!
말 그대로 국보급 이 법을 지켜야 해!
가령 이런 말을 하는 놈들은
우선은 그냥 제멋대로 지껄이게 놔둔 다음
증거를 잡아서 아주 족쳐야 돼.
‘국보는 악성 세균이다. 국보는 전염병이다.
국보는 곧은 정신을 마비시키는 고독성 유해화합물이다.
국보는 자유와 평화와 생명과 그리고 통일을 갉아먹는
눈에 보이지 않는 바이러스다.’
이렇게 떠드는 놈들을 잡아서
본보기 채찍으로 아주 족쳐놔야 한다는 말이야.”
국보급 이효리 허리를 가진 년이
요염하게 몸을 비틀며 말했다.
“국보라길래 나는 국가보지인 줄 알았는데,

그게 아니었네요?"
"이년이 채찍에 맞아죽고 싶어서 환장했구나!"
"아이, 내가 채찍을 좋아하는 걸 어떻게 아셨어요?
지금 바로 해드릴까요?"
술과 안주를 날라오던 좀 먹물끼가 있어
나팔수를 자처하는 놈이 거들어 말했다.
"보안保安이 보위保衛니까
보수保守가 보지保持인 건 맞지요.
에, 그리고, 보수기득권을 가진 자들에게는
국보가 절대선이자 지고지순의 필요충분조건이지만,
몇몇에게는 필요악이고, 또 대다수 못 가진 놈들에게는
불필요한 절대악입니다."
두 번째 놈이 말했다.
"야, 이놈아. 그게 무슨 뜻이냐, 좀 쉽게 말해봐라."
나팔수가 말했다.
"그러니까 선악의 대결이라는 말입니다."
"좋은 말이냐?"
"예!"
세 번째 놈이 말을 받아 말했다.
"그러니까 한나란 당운을 걸고 국보사수를,
열린놈들은 형법대체를,

노동당놈들은 완전폐지다, 이 말 하는 거지?"
"예!"
"그런데 이 새끼야,
왜 그렇게 어렵게 말하냐, 씨발놈아!
야, 가서 술이나 더 가져와!"
대화에는 뜻이 없고 계집년 젖가슴에 고인
100년산 발렌타인만 핥아대는 네 번째 놈을 밀치며
젖가슴이 국보급인 년이 가슴을
두 손으로 들어 보이며 말했다.
"아이, 그만요. 젖도 다 말라버리겠어요.
그런데요. 석유가 이 가슴에서 젖 나오듯이
팡팡 나오면 얼마나 좋아요?
부씨는 좋겠어요.
대통령에 또 당선되고 석유값도 오르고,
그런데 너무 많이 챙기는 거 아니에요?"
두 번째 놈이 네 번째 놈을 밀쳐내며
젖가슴 년의 젖꼭지를 핥으며 말했다.
"이년이 그래도 국제정세를 보는 눈이 있네.
그래서 말인데 우리도 많이 챙겨두고
대비를 해야 할 것 같은데 안 그래?"
다섯째 놈이 말했다.

"그러니까 없는 놈들 중에
우리 첩자들을 많이 심어놔야 해.
국보가 아니면 지들도 못 살 것 같은
그런 환상을 왕창 심어놔야 한단 말이야.
그러니까 이이제이 전술이고
지들끼리 싸우게 하는 거지."
네 번째 놈이 맞장구치며 말을 받았다.
"우리가 불안해하면 우리
똘마니들이 오히려 우릴 깔보고 떠난다.
이럴 때일수록 더 힘있게 나서야 한다.
문제의 핵심은 우리의 기득권을
많이 뺏긴다는 것이지만,
똘마니들에게는 국가안보로 본질을 안 보이게 하고
남침위협으로 협박해야 하는 것이야."
그때 밖에서인 듯 아주 멀리서인 듯
이놈들의 귀에 아주 째지는 듯한
이상한 소리가 들려왔다.
이놈들이 그토록 두려워하던 그런
목소리인 것만은 분명한 것이,
계집들의 몸을 쓰다듬으며 비비 맞추며
희롱하던 놈들이 어느 순간

온몸을 부들부들 떨더니
순간경직되면서 제대로
말도 하지 못하게 되었다.
꼭 목 졸린 폐계닭처럼 혓바닥만
허공으로 꼿꼿이 세웠을 뿐이었다.
"국보는 가진 자의 기득권만을
지켜주는 악성 바이러스다.
국보는 식민지배 분단체제에서만
활개 치고 다닐 수 있는 고독성 유해화합물이다.
국보는 자유와 평화와 생명과 그리고
통일을 갉아먹는
눈에 보이지 않는 치명적인 전염병이다."
다음날 아침,
'즐거웠던 그날이 올 수 있다면
아련히 떠오르는 옛날로 돌아가서….' 라는
노래가 비디오 화면을 통해서
아련하게 흘러나오는 국보룸싸롱에서는
다섯 구의 시체가 처참하게
난도질당한 채 발견되었다.
감식반에 따르면, 뭔가 정체를 알 수 없는
거대한 힘에 의한 타살이라고 하였다.

그러나, 정작 그 힘의 정체에 대해서는
합석했던 다섯 명의 계집들도 의견이 분분하였다.
“거대한 연기 같았어요.”
“숨 막히는 안개 같았어요.”
“천둥 같던데요.”
“아니요, 날벼락 같았어요.”
“번개같이 번쩍 하더니 그 후에 저렇게 되었어요.”
하지만, 연기 같기도 하고 안개 같기도 하고
천둥 같기도 하고 날벼락 같기도 하고
번개 같기도 한 그것의 정체에 대해서
실제로는 아무것도 보지 못했다고 진술했다.
나팔수는 그것의 정체에 대해
‘그동안 국보로 인해 피해를 입고 죽어간 자와
살아남은 자들의 연대로 이루어진 어떤 거대한
정신적 에너지의 결정체’ 라고 말하기도 하였다.
또 어떤 이는, 지들끼리 난투극을 벌이다가
갈치가 스스로의 꼬리를 먹어가듯이
뫼비우스의 띠처럼 먹고 먹히다가
결국은 모두가 한꺼번에 공멸한 것이라고
주장하기도 하였다.
다만 분명한 것은 국보급 그들의 운명이

국보급으로 영원할 줄 알았던 국보의 운명과 함께
한순간에 끝났다는 것이다.
그들의 처참한 죽음이 세상에 알려진 이후
다시는 감히 국보를 몸이나 마음에
품으려는 이가 없어졌다.
다만 어느 주둥아리 하나만 살아남아서 계속
"국보를 살려내라! 국보!"를 외쳐대다가,
그 주둥아리조차 형체를 알아볼 수 없게
헤싸진 제 몸뚱아리와 함께
청소차에 실려 어디론가 옮겨진 뒤
아무도 알아보는 이 없이 깨끗이 매장되어버렸다.
국보룸싸롱은
그날 폐업신고를 내고 간판을 내렸다.

2004년, 당시 여당이었던 열린우리당에 의해 추진되었던 성매매금지법, 친일청산법, 과거사정리법, 사학관련법, 언론관계법, 국가보안법 등에 대한 개정 논의가 한창일 때, 이에 게거품을 물고 반대하던 세력들에 대해 나 역시 풍자와 골계의 게거품을 물고 쓴 시이다.

발문

김경훈의 시사시時事詩는 제주민중운동의 역사다

김국상/ 전 제주주민자치연대 정책실장

서기력으로 2013년 12월 31일, 나는 강정마을에서 김경훈 시인과 술을 마셨다. 좀 더 정확히는, 이 작은 땅덩어리에 평화가 깃들기를 기원하는 사람들과 함께 술주정을 좀 했다. 밤늦게 마신 술기운에 눈을 가늘게 뜨면서, 추운 바람에 몸을 덜덜 떨면서, 부족한 잠에 연신 하품을 해대면서, 목이 마른 갈증에 침을 삼키면서, 동쪽 하늘을 바라보고 떠오르는 해를 기다리며 부디 새해에는 사람들이 사는 세상이 오기를 같이 기원하였다.

그렇게 그날 우리는 '같은' 하늘을 보았다.

풍우란(馮友蘭)은 그의 〈중국철학사〉에서 옛날 중국 사람들의 '하늘'에 대한 개념을 다음과 같은 다섯 가지로 분류하였다.

첫째는 물질적인 '하늘'로서, 땅과 대구가 되는 것이다.

둘째는 주재자(主宰者)로서의 '하늘'로, 이른바 '황천(皇天)'

또는 '상제(上帝)' 이며, 인격적인 존재이다.

셋째는 운명으로서의 '하늘' 로, 사람으로서는 어찌할 수가 없는 것이다.

넷째는 자연으로의 '하늘' 로, 자연의 운행을 가리킨다.

다섯째는 의리의 '하늘' 로서, 곧 우주 최고의 원리를 가리킨다.

그러나 이런 말은 일부러 자신의 지식을 뽐내려는 사람들의 해석에 불과하다. 하늘을 보면서 우리의 바람을 던지는 사람들은 김경훈 시인의 말대로 '시간관계상 그 외 거명하지 못한 사람들' 이고, 이런 사람들이 바라보는 하늘은 경외심을 가진 하나만이 존재한다. 그것이 종교적이든 철학적이든 본질은 내 편 들어주는 하늘을 요구한다.

그리고 그런 하늘 아래서 우리네 사람들은 서로 부딪히면서 살아간다. "뭐 세상에 별 거 있어." 하면서 낙천적으로 살아가는 사람들도 있고, 이놈의 세상 어찌해야 잘 살았다고 할지 바득바득 이름 석 자 남기려는 사람들도 있다. 이런 사람들이 살아가는 공간이 바로 땅이다.

그런데 어찌 된 일인지 땅의 대구가 되는 하늘에 대해서는 경외심을 가지고 있지만, 정작 두 발을 딛고 살아가야 하는 땅에 대한 존경심은 점차 희박해지고 있다. 땅을 착취의 대상으로 여기는 세태가 야속하기만 하다.

도두리벌 돌아서면서 바람이 쉬어가는 대추리를 우리는 미군기지로 헌납하였다.

갑오년 앉으면 죽산(竹山)이요 서면 백산(白山)이라는 부안에는 핵폐기장을 만들겠다고 난리를 피우고, 강정마을 구럼비 평온한 바위에는 흉물스러운 해군기지를 건설하겠다고 한다.

걸핏하면 개발과 발전을 외치는 근원에는 탐욕이 자리 잡고 있다. 가치가 없는 땅을 착취하면 할수록 이익이 생긴다는 논리는 땅의 개인적 소유를 인정하는 자본의 논리이기도 하다. 사람들이 살아가야 할 땅을 이렇게 홀대하는 세태에서는 사람들의 삶 또한 편안하지 않은 것은 당연한 일일 것이다.

이처럼 편안하지 않은 사람들 삶 중에서 제일 고단한 사람들이 있으니, 바로 두 부류의 사람들이다. 하나는 사람들이 진짜 주인이 되는 그런 세상을 만들겠다고, 역사는 그런 사람들의 의로운 투쟁으로 진보하고 발전한다고 굳게 믿는 족속들이다. 그리고 또 다른 하나는 시인(詩人)이라는 족속들이다. 의로운 투쟁을 주장하는 사람들은 자신들의 고집 때문에 고단하고, 시인들은 자신의 슬픔과 감정을 술로 달래기 때문에 고단한 것이다.

서럽기로 유명한 제주라는 땅에서 역사는 의로운 사람들의 투쟁으로 발전한다고 굳게 믿으며 수십 년을 살아온 시인은 얼마나 고단할까? 강정 해돋이 행사에서 김경훈 시인은 수년째 술만 마신다. 나는 옆에서 수년째 맞장구 쳐주면서도 마음이 짠하다.

난 시(詩)를 잘 모른다. 어릴 적 고등학교 시절에 시를 써보겠다는 치기를 부린 적이 있었는데 그때 깨달은 것이 있다. 시적 감수성은 개인적인 감성이 아니라 세상 사람들에 대한 연민이고, 자기가 살아가고 있는 땅이라는 공간과 역사라는 시간에 대한 무한한 애정이라는 사실을. 그리고 시를 포기했고 잊고 살았다.

2002년, 무언가에 내몰리듯이 고향땅 제주로 내려와서 10년이 넘은 시간이 흘렀다. 우연히 김경훈 시인이 시집 초고를 준비했다는 얘기를 듣고, 10년 동안 사람 사는 얘기라면 나도 자격이 있으니 나도 글을 쓰겠다고, 시도 뭐도 모르는 새까만 후배가 감히 덤벼들었다. 그리고 김경훈 시인의 모습을 감히 흉내 내려고 술김에 발문을 쓴다.

발바닥에 못이 박혀본 사람은 안다. 오래 걷다 보면 발에 물집이 생기고, 그것이 터져 쓰릴 때의 아픔을 안다. 그 와중에 꼭 힘들다고 엄살 부리는 사람도 있지만, 묵묵히 참아내고 계속 걷다 보면 물집이 터지고 터져 아물고 아물어서 못이 박힌다.

시인의 시집 초고를 받아보고 처음 읽을 때는 분노가 치밀었다. 지난 시절에 가진 자들이 자행했던 행태들이 다시 생각나 분노가 치밀어 올랐다. 특별자치도 공청회 자리에서 끌려 나오던 기억, 한미FTA 반대집회에서 경찰에게 곤봉으로 얻어맞았던 기억, 자신만 살려고 고향땅을 팔아먹은 추악한 놈들에 대한 기억들이 생각났다.

두 번 읽을 때는 서러움이 치밀어 올랐다. 우리는 무슨 업보를 지었기에 이토록 핍박받으면서 살아가야 하나라는 생각에 서러움이 밀려왔다.

세 번 읽을 때에는 그냥 김경훈 시인과 술이나 한잔 하고 싶었다. 씨발…. 술이나 마십시다. 그동안 형도 참 힘들게 살았소. 내 잔이나 한잔 받으세요.

가슴에도 못이 박힌다는 것은 이런 것이다. 시인의 가슴에 박힌 못의 크기는 얼마나 클 것이며, 깊이는 얼마나 깊을 것인가?

김경훈 시인을 안 지 햇수로 7~8년 됐지만 내가 그를 잘 안다고 말하기는 어렵다. 그런 나에게 자신의 분신과 같은 시집의 발문을 써달라고 부탁하기에 잠시 생각해보았다. 나에게 무슨 특별함이 있는가. 그것도 지난 10년간 발에 못이 박히는, 가슴에 못이 박히는 시로 만들어지는 시집의 발문을….

시인이 답을 내놨다. 거리에서 쓴 시는 거리에서 만난 사람이 더 잘 이해하는 법이라고 말이다. 결국 나는 시인의 부탁을 얼떨결에 승낙한 꼴이 되고 말았으니 이제 어떡하겠는가? 부족하지만 발문을 써보기로 했다.

시인에게 시는 그 사람이요, 그 시대요, 그 기록이다. 김경훈 시인의 시는 고단한 역사의 절규이자 정의를 갈구하는 거리의 투사들의 기록이다. 그리고 이번 시들은 시인의 10년 삶의 기록이다. 그래서, 이런 시(詩) 그냥 읽으면 정말 재미없다. 그러나 같이 겪어본 사람은 마음으로 이해한다. 그리고 이런 시(詩)는 아무나 못 쓴다. 이런 시(詩)를 쓴 시인에게 술 석 잔의 찬사는 기본이다.

내가 시인을 만나면서 새삼 놀란 것은 글만을 보았을 때는 정말 욕도 잘하고 성격이 불같을 것 같지만 정작 만나면 너무 말수가 없다는 것이었다. 어디 가서 욕 한번 안 할 것 같은 사람의 분위기다. 그리고 또 놀라게 하는 점은 이 땅에 대한 사랑과 그 땅에 살아가는 사람들에 대한 희망을 절대 놓지 않는다는 점이다. 참 신기하다. 그래서 시인(詩人)인가 보다.

먼 길 떠난 그대여
벗도 없이 홀로 먼 길 떠난 그대여
우리의 진정이 닿거든 다시 돌아서시라
그대 뜻 제대로 이어 뭔가 이룰 때
그리하여 그대 볼 면목 좀 있을 때
청하거든 그대여 당당히 돌아오시라
죽어서 살아오는 그대여
괴춤에 노잣돈 이제 필요 없으리니
다만 벗하여 생명술 한잔 넙죽 받으시라

-「차라리 이 땅에 돌아오지 마시라」, 부분

길을 간다
이 길은 생명의 길이다
뭇 살아있는 것들의 근원인 물의 길이다
가장 낮은 자세에서 기인하면서도
가장 깊은 생명을 간직한 삶의 길이다

-「생명의 길 평화의 길 사람의 길」, 부분

왜 사람들은 고단한 길을 택하면서도 자기 길을 가야 한다고 주장하는 것일까? 시인의 말대로라면 '아닌 건 아니기 때문' 이다. 변방의 설움이 있다고는 하나 왜 사람들은 제주도로 가고자 하고 또 와서 살면서 부딪히는 것일까? 시인의 말대로라면 '이어도' 라 불리는 마음의 이상향과 삶에 대한 희망을 저마다 가지고 있기 때문일 것이다.

거리에서의 삶이란 다 이런 것인가? 세상 이치가 원래 그런 것일까? 공자부터가 제자들 거느리고 길을 다녔고, 부처 역시 길에서 도를 얻고 길에서 열반에 들었으며, 예수 역시 길에서 진리를 가르치고 다녔으니 세상의 이치가 거의 비슷한 것 같다. 특히 강은 똑바로 흐르지 않고 물길을 바꿔가며 흐르지만 어떤 강도 바다로 가는 것을 포기하지는 않는 것을 보면, 세상 사는 이치도 그런 것 같다.

2012년 12월 9일, 간간이 눈발이 날리는 가운데 강정마을의 아픔과 기쁨을 간직한 주민이자 지킴이 두 사람의 결혼식이 해군기지 사업단 정문 앞에서 있었다. 사회자였던 나는 술에 취해 순서를 뒤죽박죽 진행하고, 시인은 축시를 낭송하면서 웃었다. 공칠이 형이 가던 날 나는 술에 취해 괜히 웃었고, 시인은 "씨발 놈아, 이 술 먹엉 가라."라며 울었다.

대저 구차하게 생존하는 것과 절의를 세워 죽는 것의 차이는 다만 살아왔던 삶의 무게를 가벼이 여기는가, 가벼이 여기지 않는가에 있을 따름이다. 이 두 가지는 본래부터 마음속에 정해져 있는 것으로서 하루아침에 취해서 처리할 수 있는 것은 아니다.

구차스럽게 살아보겠다는 생각이 마음속에 쌓여 있으면, 불의를 보고 불의에 위협받을 때 반드시 다리는 두려움에 부들부들 떨리고 목소리는 공포 속에 움츠러들 것이다. 비록 억지로 그렇지 않은 체하더라도 마음은 이미 흔들릴 것이다. 절조를 세우려는 마음이 일어나면, 겉모습은 아닐지라도 기운은 반드시 왕성하고 용감하여 여유가 있을 것이다.

길에서 살아온 사람은 이것을 가지고 사람을 관찰하면 충분하다. 김경훈 시인은 잘 울고 잘 웃는다. 그것이 시인이 가진 천성이다. 그리고 그 천성이 드러난 것이 이 시(詩)들이다. 시인은 "나도 임을 위한 행진곡을 한번 제대로 부르고 싶다."라고 울부짖는다. 시간을 거스르는 차가운 바닷바람에 오돌오돌 떨면서도 이를 악문다. 시인에게 한번 '임을 위한 행진곡'을 제대로 부르게 해야 하지 않겠는가? 그게 정말 고단한 삶을 사는 시인에게 후배가 해줄 수 있는 유일한 마음 씀씀이라고 생각된다.